Die

Tarifreform von 1879.

Von

Wilhelm Oechelhaeuser,
Mitglied des Reichstags.

Springer-Verlag Berlin Heidelberg GmbH 1880

ISBN 978-3-662-32276-5 ISBN 978-3-662-33103-3 (eBook)
DOI 10.1007/978-3-662-33103-3

Vorwort.

Lange habe ich geschwankt, ob ich die nachfolgende Arbeit über die Tarifreform von 1879 der Oeffentlichkeit übergeben solle oder nicht. Den so erbitterten als unerquicklichen Streit des Vorjahrs wieder anzufachen, kann an und für sich die siegende Partei so wenig als die besiegte wünschen. Auch muss sich die besiegte Partei, zu der ich gehöre, eingestehen, wie wenig Aussicht vorhanden ist, in nächster Zukunft schon für wesentliche Aenderungen des neuen Tarifs eine Majorität im Reichstag und Bundesrath zu erlangen. Ueberdies hätte ich die Veröffentlichung unbedingt unterlassen, wenn der Nothstand noch in gleicher Intensität, wie zur Zeit der Tarifberathungen, fortbestände.

Der letztere Grund der Zurückhaltung ist hinfällig geworden. Amerika, England und Deutschland, die drei Länder, in welchen der Nothstand am längsten und intensivsten herrschte, haben nacheinander den tiefsten Punkt der Krisis überwunden und befinden sich, wenn auch noch lange nicht in allen, so doch bereits in vielen der wichtigsten Produktionszweige, in aufsteigender Bewegung. Vertrauen und Unternehmungsgeist beginnen zurückzukehren; das Eine zieht das Andere nach. Unter diesen Umständen ist ein wirthschaftlich nachtheiliger Einfluss von der Wiederaufnahme des vorjährigen Streites nach keiner Richtung hin zu befürchten.

Die Erfahrungen seit Abschluss der Tarifreform haben der unterlegenen Partei ein Material für Unterstützung ihrer Ansichten geliefert, welches zu verwerthen ihre unabweisliche Pflicht ist. Die eingetretene Besserung der Lage muss nothwendig aber auch die Schroffheit der früheren Gegensätze beider

Parteien mildern und insbesondere dem unseligen Pessimismus den Boden entziehen, auf dem sich die Zollreform aufbaute. Kein ruhiger Beobachter kann sich der Ansicht verschliessen, wie gegenwärtig, also nur ein halbes Jahr später, eine Tarifreform wie die vom Juli 1879 unmöglich sein würde.

Die Erneuerung des Prinzipien-Kampfes ist aber um so unabweislicher, als es sich in erster Linie um die agrarischen Zölle handelt. Dieses vom wirthschaftlichen wie socialen Standpunkt gleich bedenkliche Prinzip darf auf dem Boden des Landes keine Ruhe finden, welches zuerst mit demselben brach und dem alle Kulturstaaten auf diesem Wege folgten. Die Reduktion der übermässigen Erhöhungen der Industrieschutzzölle kommt erst in zweiter Linie.

Der Geist aber, in welchem hoffentlich die freisinnige Partei den Kampf von 1879 wieder aufnehmen wird, sollte nicht der der Erbitterung, sondern der Versöhnung sein. Wir wollen, unter der Gunst besserer Zeiten, einen Interessenstreit — und ein solcher war sans phrase der Kampf von 1879 — auf das Gebiet des Prinzipienstreits hinüberführen. Die Wissenschaft, die bei den vorjährigen Debatten ihr Haupt verhüllte, soll in Deutschland wieder zu Ehren kommen und die roh-empirische Behandlung, zu welcher Zeit und Umstände drängten, einer ruhigen, sachlichen Erörterung der leitenden Grundsätze Platz machen. In diesem Sinne ist die nachfolgende Abhandlung niedergeschrieben.

Dessau, im Januar 1880.

Wilhelm Oechelhaeuser.

Inhalt.

I.

GENESIS.

Die Bewegung auf dem wirthschaftlichen Gebiet Deutschlands, welche sich um das Jahr 1875 aus kleinen Anfängen entwickelte und, mächtig fortschreitend, in der reaktionären Tarifreform von 1879 ihren Abschluss fand, unterscheidet sich wesentlich, im Charakter wie in der Intensität, von allen ähnlichen Vorgängen früherer Zeit. Erst seit den politischen Umwälzungen von 1848 bekundete sich überhaupt eine Theilnahme unseres Volkes an wirthschaftlichen Dingen. Damals zuerst bildeten sich geschlossene wirthschaftliche Vereine, um zunächst in dem allmächtig geglaubten Frankfurter Parlament ihre Zolltarife durchzusetzen. Die Freihandelsvereine stützten sich dabei auf den Handel und die Landwirthschaft des deutschen Nordens; die Schutzzollvereine auf die Fabrikinteressen Süddeutschlands, Sachsens und der preussischen Westprovinzen. Der Streit dieser nunmehr organisirten Parteien, bis dahin im Wesentlichen auf die Interessentenkreise und die Nationalökonomen von Fach beschränkt, wuchs allerdings vorübergehend, im Anfang der fünfziger Jahre, in das deutsche Volksleben hinein, als, mit Oesterreich's Vorschlag des 70-Millionen-Zollbundes, die politischen Gegensätze der beiden deutschen Grossmächte ins Spiel kamen. Als jener für Preussens Machtstellung so gefährliche Plan gefallen und zu dem Differentialzollvertrag von 1853 zusammengeschrumpft, der deutsche Zollverein aber auf geographisch erweiterter Grundlage erneuert war, dauerten zwar die wirthschaftlichen Streitigkeiten der Schutzzoll- und Freihandelsparteien fort und maassen sie, insbesondere in der von der Heydt'schen Periode, ihre Kräfte mit abwechselndem

Glück auf dem Gebiet der Eisen- und Garnzölle. Allein diese Kämpfe erschütterten weder Volk noch Staat.

In den sechziger Jahren, unter dem Eindruck des englisch-französischen Handelsvertrags und bei der Abneigung Preussens, das Vertragsverhältniss mit Oesterreich auf der Basis von 1853 fortzusetzen, unter dem Einfluss ferner des durch die Eisenbahnen und den wachsenden Reichthum bedeutend gesteigerten internationalen Verkehrs und speziell des deutschen Exportbedürfnisses, gelang es den Bemühungen Delbrück's, die bis dahin fast stabile Zollvereinspolitik im Sinne der Handelsfreiheit um einen bedeutenden Schritt vorwärts zu bewegen, um denselben Schritt, den wir nunmehr 1879 zurückgethan haben. Die durch die Handelsverträge mit Frankreich, Oesterreich, England, Belgien u. s. w. stipulirte Gegenseitigkeit beruhigte die Schutzzollpartei, während die Abschaffung vieler kleiner Zölle und die Aufnahme der den einzelnen Ländern vertragsmässig gemachten Zugeständnisse in den allgemeinen Zolltarif in noch weit höherem Grade die Freihandelspartei befriedigen musste. Von 1865 bis 1870 schritt die vollständige Zollfreiheit bis zu etwa 85 pCt., 1877 sogar bis etwa 95 pCt. der Gesammt-Einfuhrmengen vor, und die aufrecht erhaltenen Zölle wurden durchschnittlich etwa auf die Hälfte herabgesetzt. Trotz aller politischen Unsicherheit der Jahre 1865/1870 bestanden jene handelspolitischen Maassregeln die Probe der Erfahrung aufs glänzendste, wenn wir auch weit entfernt sind, die Handelspolitik als den alleinigen, oder nur als den wichtigsten Faktor des wirthschaftlichen Lebens anzuerkennen. Im thatsächlichen Gegensatz zu den bekannten Behauptungen, welche die Reaktion von 1879 einleiteten, dass nämlich das Jahr 1865 einen Wendepunkt zum Schlimmen darstelle, schritt der Wohlstand auf allen Gebieten der Industrie, der Landwirthschaft und des Handels gleichmässig und in verstärktem Tempo vorwärts; im Zollparlament von 1870 wurde dies widerspruchslos konstatirt und jeder Kenner unserer wirthschaftlichen Entwickelung wird es bestätigen. Die an die freisinnige Delbrück'sche Handelspolitik geknüpften Befürchtungen der Schutzzollpartei hatten sich in keiner Weise bestätigt, die Hoffnungen der Freihandelspartei zu einem grossen Theil verwirklicht. So begruben denn beide Theile die Streitaxt; die Parteipolemik verstummte allmählig, und in den grossen politischen Ereignissen von 1870 und den darauf folgenden, alle Einflüsse in- oder ausländischer Zölle zur Unbedeutendheit herabdrückenden wirthschaftlichen Bewegungen von 1871/73, blieb kaum mehr der Rahmen der alten Parteiorganisationen bestehen. Vom Schutzzoll sprach Niemand mehr; er schien todt, von den eigenen Anhängern aufgegeben. Niemand hätte an seine Wiederauferstehung geglaubt.

Der seit 1848 entfachte Parteistreit war also mit dem Beginn der siebziger Jahre thatsächlich erloschen. Sein Wiederaufleben knüpft sich an eine, wenn auch unter den damaligen Umständen entschuldbare Ueberstürzung, nämlich an die im Jahre 1873 beschlossene Aufhebung aller Eisenzölle an. Sie erfolgte hauptsächlich auf Andrängen der, durch die hohen Eisenpreise und die gestiegenen Löhne geschädigten Gutsbesitzer, sowie aus Rücksicht auf den, momentan über die Gränzen der inländischen Produktionsfähigkeit gesteigerten Eisenbedarf Deutschlands. Die Aufhebung ward zu einer Zeit unerhörter Preissteigerungen beschlossen, welche gar nicht mehr erkennen liessen, ob sich wirklich die früheren normalen Verhältnisse der englischen und deutschen Produktionskosten zu Gunsten der Letzteren dauernd verändert hätten oder nicht. Und mit Beginn des Jahres 1877, als eine intensive Nothlage der deutschen Eisenindustrie schon gar nicht mehr zu läugnen war, hob man auch noch den letzten Rest der Eisenzölle auf, — eine doktrinäre Rücksichtslosigkeit, die sich bitter gerächt hat. So lange noch, und dies war thatsächlich der Fall, das 1818 inaugurirte System mässiger industrieller Schutzzölle für alle übrigen Gewerbszweige aufrecht erhalten blieb, hatte die Eisenindustrie, bei der stattfindenden scharfen Konkurrenz Englands, unbedingt den ersten Anspruch auf Beibehaltung, nicht auf isolirte Aufhebung eines mässigen Schutzzolls.

Wenn nun auch durchaus nicht behauptet werden soll, dass die, der Ueberproduktion entsprungene Nothlage der deutschen Eisenindustrie, durch die Zollaufhebung wesentlich verschärft worden sei, oder dass die neuere wirthschaftliche Reaktion ohne jenen taktischen Fehler überhaupt nicht aufgetreten sein würde, so bot ihr doch die rücksichtslose Aufhebung der

Eisenzölle einen besonders günstigen Vorwand, und in der steigenden Nothlage dieses alten, ausgedehnten Gewerbes gewann sie ein Argument, welches bald eine gefährliche Popularität erlangte, so dass die Schutzzollpartei den noch dazu im Anfang sehr lässig betriebenen freihändlerischen Agitationen, in der öffentlichen Meinung den Vorsprung abzugewinnen begann. Dann schaarten sich die alten Bundesgenossen, in erster Linie die Baumwollspinner, zu den Eisenindustriellen und, von der Noth zu energischem Handeln angestachelt und von grossen Geldmitteln unterstützt, bildeten sich Vereins-Organisationen, welche im Jahr 1879 thatsächlich einen Einfluss auf Regierung, Parlament und öffentliche Meinung erlangten, wie dies in wirthschaftlichen Fragen bisher in Deutschland auch nicht annähernd erlebt worden war und hoffentlich niemals wieder erlebt werden wird. Es wäre indess ein grosser Irrthum anzunehmen, als ob sich die ganze deutsche Industrie an den Schutzzollbestrebungen von 1879 betheiligt hätte; ein grosser Theil, und der gesammte Arbeiterstand, verhielten sich apathisch, ein anderer bedeutender Theil, insbesondere die auf den Export angewiesenen Industrien, sogar entschieden gegnerisch. Der von Ultramontanen, Eisenindustriellen und Spinnern berufenen schutzzöllnerischen Versammlung auf dem Gürzenich, trat bald darauf in Elberfeld eine weit bedeutendere Versammlung von industriellen Gegnern der Tarifreform entgegen. Crefeld, Elberfeld, Barmen, Berlin, also Industriebezirke ersten Ranges, verharrten überwiegend bei den früheren freisinnigen Grundsätzen des Tarifs von 1870. Die Schutzzollbewegung hatte ihre Haupstütze in der Fabrikation der Halbfabrikate, ihre Hauptgegner in der Fabrikation von fertigen Waaren und namentlich von Exportartikeln. Doch hier, wie immer, erlangten die rührigen Minoritäten bald den überwiegenden Einfluss.

Dennoch würden diese Bestrebungen der durch die Krisis bedrängten Industriellen, nur zu vereinzelten Erfolgen, vielleicht zur Erhöhung von einem halben Dutzend Zollsätzen geführt haben, wenn sich nicht gleichzeitig, in überraschender Weise, ein vollständiger Umschwung in der hergebrachten Stellung der conservativen Gutsbesitzer und der Reichs-Regierung zur Zollfrage vollzogen hätte.

Zunächst brach sich, ungefähr gleichzeitig mit jenem Wiederaufleben der Schutzzollbestrebungen, eine neue Bewegung in den Reihen der bis dahin unbedingt der Freihandelsfahne folgenden Gutsbesitzer Bahn. Der Umstand, dass Herr von Kardorff zufällig mit den Schriften des Amerikaners Carey bekannt wurde, gab den ersten Anstoss zu einer schutzzöllnerischen Bewegung in der Landwirthschaft, welche sich allerdings an geistigem Gehalt niemals über die historische Bedeutung jenes Anlass gebenden Vorgangs erhoben hat und anfänglich, unter der Gegnerschaft aller berufenen wirthschaftlichen Autoritäten, nur zu einem kurzen Dasein bestimmt schien. Dass eine kleine Zahl von Gutsbesitzern, die gleichzeitig, und vielleicht überwiegend, in der Industrie betheiligt sind, sich allenfalls für industrielle Schutzzölle erwärmen lässt, hat nichts Auffallendes. Allein den Stamm der in der reinen Landwirthschaft interessirten Gutsbesitzer zum Industrie-Schutzsystem bekehren zu wollen, erschien denn doch bald als ein vollkommen aussichtsloses Bemühen.

Inzwischen stieg, aus Anlass schlechter Ernten, der gesteigerten Konkurrenz Amerika's und des Rückschlags der allgemeinen gewerblichen Krisis, die Noth auch in der Landwirthschaft immer höher. Noth ist erfinderisch; sie sucht aller Orten nach Mitteln zur Abhülfe und ist insbesondere geneigt, den Angriffen auf das System, unter dessen Herrschaft zufällig die Entwicklung der Nothlage stattfand, ein günstiges Ohr zu leihen, ohne rationelle Nachweise, ob die Noth und die Handelspolitik auch wirklich im Verhältniss von Wirkung zur Ursache stehen, zu verlangen. Noth hat eben keine Logik. Das Beispiel der Industriellen, die vom Staat Hülfe verlangten, zog an, und im Umsehen sah sich das Kardorff'sche industrielle Schutzzoll-Programm, durch Aufnahme der Forderung landwirthschaftlicher Schutzzölle bereichert. Früher Gegner der industriellen Schutzzölle, wurden die Gutsbesitzer Anhänger derselben, um auf dem Boden des gleichen Systems Zölle für sich selbst zu erlangen. Zögernd nur traten die intelligenteren Landwirthe in die neue, den gewohnten Anschauungen und klar vorliegenden Interessen entgegenströmende Bewegung ein; sehr viele blieben auch bis heute im Widerstand beharrlich. Allein die ungeheure Ausdehnung des landwirthschaftlichen Gewerbes giebt Strömungen auf diesem Gebiete, selbst wenn sie nicht das Ganze ergriffen haben, eine ganz andere Kraft und Tragweite, als den, im Wesentlichen auf einzelne Gewerbe und Gegenden beschränkten industriellen Agitationen.

Dennoch hätte der immer mehr eintretende Umschwung in den bisherigen handelspolitischen Ueberzeugungen der Grundbesitzer, den industriellen, wie agrarischen Schutzzollbestrebungen noch keineswegs zum Siege in der Reichs-Gesetzgebung verholfen, wenn nicht, als ausschlaggebendes Moment, Fürst Bismarck energisch für dieselben eingetreten wäre. Allgemeine Zollpflichtigkeit, gleichmässige Zollbegünstigung aller, also auch der landwirthschaftlichen Gewerbe, so lautete sein bestechendes Programm. Sein ungeheurer Einfluss, dem nach dem Rücktritt Delbrück's und Camphausen's kein Widerstand mehr aus den Reihen der freihändlerischen preussischen Büreaukratie entgegentrat, öffnete nun den herantretenden schutzzöllnerischen Strömungen Thür und Thor. Unter dem Eindruck des Brief's vom 15. December 1878, welcher den Schutzzoll allen Produktionsklassen, also nicht bloss der Industrie allein, zu gewähren versprach, bahnte sich demnächst die Vereinigung der industriellen und agrarischen Schutzzöllner an. Die Industriellen mussten in den sauern Apfel der landwirthschaftlichen, die Gutsbesitzer in den sauern Apfel der industriellen Schutzzölle beissen, — beide in der Unterstellung, die doch nur bei Einer von beiden Parteien richtig sein kann, dass ihr spezieller Vortheil aus den eignen Zöllen, den Nachtheil aus den, der Gegenpartei gewährten, übersteigen werde. Unter diesen Einflüssen und Coalitionen entstand der Tarif von 1879. Nicht freie Ueberzeugungen, sondern Kompromisse schafften den wichtigsten Zolländerungen die Majorität.

Fürst Bismarck hat die agitatorische Bewegung, welche zu diesem Ziel führte, nicht begonnen; er fand sie in der Industrie bereits ausgebildet, in der Landwirthschaft in ihren Anfängen vor. Aber nur er allein hat ihr durch seinen Beitritt zu Ausdehnung, Einfluss und schliesslichem Sieg verholfen.

Die früheren wirthschaftlichen Ansichten des Fürsten Bismarck sind bekannt. Die Schutzzollfragen, die überdies, fast bis zur Höhe der Krisis, ausser Anregung waren, interessirten ihn wenig. Er verfolgte in der Zoll- und Steuerpolitik (und hierin sicherlich in Uebereinstimmung mit der grossen Mehrheit des Volks) konsequent nur das Eine Ziel, dem Reich grössere selbstständige Einnahmen zu schaffen, und die indirekten Steuern zu erhöhen, um die direkten herabsetzen zu können. Hierzu erschien ihm früher das englische System der Einschränkung des Zolltarifs auf wenige grosse Finanzzölle, das empfehlenswertheste; er huldigte also, wenn auch nur passiv, rein freihändlerischen Anschauungen.

Bei der ausschlaggebenden Bedeutung vom Uebergang des Fürsten Bismarck zur Schutzzollpartei, hat es unzweifelhaft ein mehr als historisches Interesse, die Ursachen dieser Wandelung zu erforschen. Man hat nicht verschmäht, dieselben in egoistischen Motiven zu suchen. Allein wenn Ein Mann in Deutschland verdient hat, dass die Verläumdung vor seiner Schwelle Halt mache, dass für alle seine Handlungen die Motive reinster Vaterlandliebe unterstellt werden, — wenn Einer die volle Achtung auch seiner Gegner beanspruchen darf, so ist dies Fürst Bismarck. Der feindselige Ton gegen ihn, welcher sich oft in die Zolldebatten mischte, musste das Gefühl des dankbaren Patrioten verletzen, selbst wenn eingestreute Anerkennungen seiner grossen Verdienste um's Vaterland jenen Eindruck abzuschwächen bestimmt waren. Und den überhäufigen Erörterungen seiner subjektiven Wandlung in den zollpolitischen Anschauungen, wohnte sicherlich keine Beweiskraft bei, dass die zuletzt adoptirte Ansicht unrichtig sein müsse. Ethisch, wie taktisch, waren die persönlichen Angriffe auf den Reichskanzler nur im höchsten Grade zu missbilligen.

Die Geschichte von Fürst Bismarck's Umkehr in seiner handelspolitischen Ueberzeugung, hat er selbst in der ausreichendsten und natürlichsten Weise, in der Sitzung des Reichstags vom 21. Febr. 1879, dargelegt. Er bekannte Delbrück's Leitung und der traditionellen preussischen Handelspolitik gefolgt zu sein, bis die „stärker und stärker werdende Erkenntniss des Nothstandes“ und Delbrück's Rücktritt ihn gezwungen hätten, sich eine eigne Meinung über diese Dinge zu bilden. Und diese Meinung sei eben eine andere geworden, als die früher gehegte.

Welcher Ergänzung bedarf diese Erklärung, oder welcher subjektiven Verdächtigung könnte sie zur Grundlage dienen? Gewiss ist es betrübend für den Jünger der Handelsfreiheit, wenn der mächtigste und zugleich der genialste Mann Deutschlands, von dem Prinzip sich abwendet, welches die ganze ökonomische Wissenschaft beherrscht, welches durch Preussen zuerst in die Gesetzgebung der Staaten eingeführt wurde, in allen seinen Traditionen lebendig ist und in der Entwicklung des Zollvereins sich glänzend bewährt hat. Allein etwas auffallendes, mit Bismarck's sonstiger klaren Auffassung und seinem durchdringenden Scharfblick kontrastirendes hätte dieses letzte Ergebniss seiner wirthschaftlichen Forschungen nur dann, wenn er sich in ruhigen, normalen Zeiten dem so äusserst schwierigen theoretischen und praktischen Studium der National-Oekonomie gewidmet hätte und dann zu schutzzöllnerischen Anschauungen gelangt wäre. Die Sache lag aber ganz anders. Erst mit dem steigenden Nothstand begannen, wie er selbst ausführte, seine wirthschaftlichen Forschungen; an den Symptomen der Noth, nicht an den normalen Erscheinungen des Erwerbs- und Verkehrslebens, hat er seine Studien gemacht. Dieses Studium der Krisen und Nothlagen ist höchst lehrreich für Denjenigen, welcher bereits eine feste Grundlage seiner wirthschaftlichen Erkenntniss gelegt hat, allein höchst gefährlich für das erste Debut, selbst des geistreichsten Mannes. Gedrängt und angerufen von allen Seiten, in dem höchst natürlichen Wunsch die ihm zu Gebote stehende mächtige Maschinerie des Staats zur Milderung eines täglich dringender werdenden, auch vielfach übertrieben dargestellten Nothstandes in Bewegung zu setzen, einer wirthschaftlichen Lage gegenüber, wo die Ausnahme an die Stelle der Regel getreten war, wo sich die abnormen Einzel-Erscheinungen nicht mehr zu allgemein gültigen Regeln verdichten liessen, vielmehr die wechselnden, regellosen Erscheinungen einer welterschütternden Krisis, momentan an die Stelle des ruhigen Waltens der normalen wirthschaftlichen Gesetze getreten waren, — ist es da zu verwundern, ist es nicht vielmehr natürlich, wenn in solcher Ausnahmezeit Studium und Beobachtung, und seien sie im Einzelnen noch so richtig, auf Irrwege führen! Positive Organisationen auf negative

Voraussetzungen, dauernde Einrichtungen auf vorübergehende kritische Erscheinungen, Regeln auf Ausnahmen bauen zu wollen, das war der Grundirrthum der Reform von 1879.

Betrachten wir nun die wesentlich veränderte Physiognomie und Haltung des zweiten gesetzgebenden Faktors, des Reichstags. Bis zu den letzten Wahlen standen, wie die Reichsregierung, so auch die grosse Mehrheit der Liberalen und der Konservativen, auf Seite der Handelsfreiheit. Bei den Neuwahlen im Herbst 1878 schwebte bereits die wirthschaftliche Reaktion in der Luft; allein im Wesentlichen beherrschten doch das Socialistengesetz und die Tabaksteuervorlage den Wahlact, und wenn die 1878 in den Reichstag zurückgekehrten alten, sowie auch die neugewählten Mitglieder, bei ihrem damals mitgebrachten und in den Wahlprogrammen ausgesprochenen handelspolitischen Ansichten stehen blieben, so war dem Prinzip der Handelsfreiheit immer noch die Mehrheit gesichert, wenn auch unzweifelhaft vereinzelte Erhöhungen von Industriezöllen, insbesondere beim Eisen bewilligt worden wären. Wir erlebten also bei einer grossen Zahl von Mitgliedern des Reichstags dieselbe Wandlung der Ansichten, wie beim Reichskanzler. Es kann jedoch nicht auffallen, wenn diese Wandlung in der Bevölkerung, und selbst bei einem grossen Theil der Anhänger der Tarifreform, eine scharfe Beurtheilung erfahren, ja selbst zu einer, hoffentlich nur temporären Schädigung des Ansehens des Reichstags geführt hat. Die einzelnen Mitglieder der Majorität können sich nicht wundern, wenn die argwöhnische öffentliche Meinung ihren Motiven keine absolute Reinheit und Interesselosigkeit zuerkennt, angesichts der Thatsache, dass nur die Stimmen der Privat-Interessenten in den wichtigsten Fragen den Ausschlag gegeben haben. Der zu diesem Behuf abgeschlossene Kompromiss der agrarischen und industriellen Schutzzollpartei hat insbesondere im ganzen Lande viel böses Blut gemacht, und die Mirbach'sche Formel: „eine Mark Roheisenzoll nur gegen eine Mark Roggenzoll" eine traurige Berühmtheit im Volke erlangt. In der That hat die Annahme dieses Mirbach'schen Antrags, auf Verdoppelung des von der Regierung vorgeschlagenen Roggenzolls, alles überschritten, was Rücksicht und Klugheit der siegestrunkenen Majorität hätten gebieten sollen. Unter den 186 Stimmen für diesen Antrag waren nicht weniger als 100 Grossgrundbesitzer und etwa 10 Kompromiss-Industrielle. Es dürfte in den parlamentarischen Annalen kaum ein zweites Beispiel geben, wo eine Majorität von Privatinteressenten, weit über das ihnen schon von der Regierung freiwillig dargebotene hinausgehend, sich selbst solche Schutzzölle bewilligt hat. Der Mirbach'sche Roggenzoll bildet die Achillesferse des Tarifs von 1879; hier muss und wird die erste Bresche gelegt werden, die ihn über kurz oder lang zu Fall bringt.

Professor Gneist, der für die Tarifreform stimmte, sagt in seinem neuen Werk „Der Rechtsstaat und die Verwaltungsgerichte in Deutschland": „kaum sei der socialdemokratischen Propaganda durch die Macht des Staates Ruhe geboten, so erscheine in den besitzenden Klassen ein Wetteifer in Bethätigung verwandter Gesinnung, welche die Erhöhung des eigenen Einkommens auf Kosten des Gesammtwohls als patriotische Realpolitik proklamire."

Noch schärfer drückt sich Professor von Treitschke aus, der ebenfalls, der Finanzzölle halber, für die Tarifreform stimmte. In einem jüngst in seinen Jahrbüchern erschienen Aufsatz: „der Reichstag und die Finanzreform," fällt er folgendes Urtheil: „Weit bedenklicher als manche anfechtbare Bestimmungen des Tarifs selber erscheint die neue Praxis wirthschaftlicher Interessenpolitik, die sich im Verlaufe dieser Session zu trauriger Virtuosität ausgebildet hat. Tarifberathungen sind von jeher die schwache Seite des Parlamentarismus gewesen, weil sie jeden, auch den sachkundigen Abgeordneten zwingen, zuweilen über unverstandene Dinge mitzustimmen, und weil sie der Klassenselbstsucht Thür und Thor öffnen. Vor der offenbaren Corruption, welche in anderen Ländern bei solchen Gelegenheiten eine Rolle zu spielen pflegt, hat sich der gesunde Sinn der Deutschen zwar vorderhand noch gehütet; aber das persönliche Interesse trat mit erstaunlicher Unbefangenheit auf, gebärdete sich als patriotische Realpolitik, zieh Jeden, der noch an das gemeine Wohl zu erinnern wagte, des Doktrinarismus. Die verschiedenen Interessengruppen schaarten sich zu unnatürlichen Coalitionen zusammen; Dutzende von Interessenten stimmten für Zollsätze, welche sie im Stillen missbilligten, lediglich um ihr eigenes Schäfchen ins Trockene zu bringen, um sich Bundesgenossen für die Begünstigung ihres eigenen Erwerbszweiges zu sichern. Es ist ein bitteres Geständniss: das ohnehin erschütterte Ansehen des deutschen Parlamentarismus hat durch diese Session nicht gewonnen. Wie die deutsche Presse mehr und mehr in einen amerikanischen Ton verfällt, so sind auch bei vielen unserer parlamentarischen Männer das Feingefühl und die sittliche Vornehmheit ersichtlich im Abnehmen."

Wie abgestumpft aber die Feinfühligkeit der Majorität durch die offenkundigen Kompromisshändel der Agrarier und Industriellen geworden war, bewies am besten die „grosse Heiterkeit", welche der stenographische Bericht notirt, als der Abgeordnete Flügge, in seiner vortrefflichen Rede gegen die Getreidezölle, am 23. Mai 1879, mit schneidender Ironie von den „ehrlichen Maklern in den Coulissen des Hauses" sprach. „Der eine bot: geben sie 50 für Roggen, so gebe ich den vollen Eisenzoll, oder verwerfen Sie das von Wedell'sche Amendement, so gebe ich Ihnen den Roggen u. s. w. Meine Herren, man zweifelte ja mitunter, man musste sich besinnen, dass man sich in der Leipzigerstrasse befand und nicht etwa in einer sonst auch sehr achtbaren Versammlung in der Burgstrasse*)." Und in den Privatgesprächen der Mitglieder, auch der uninteressirten Anhänger der Tarifreform, hörte man tagtäglich noch weit schärfere Urtheile offen und rückhaltlos aussprechen.

Die seitdem stattgehabten Wahlen zum preussischen Abgeordnetenhause, der peinliche Abfall mancher industriellen Bezirke von ihren, durch Dezennien festgehaltenen liberalen Grundsätzen, zu Gunsten von Abgeordneten anderer politischer Meinung, bloss weil diese schutzzöllnerisch gestimmt hatten oder stimmen werden, beweist am besten, wie begründet die Mahnung Bamberger's war, als er in der Sitzung von 11. Juli 1879 den neuen „Kodex der legislativen Moral" geisselte, der mit der Zeit zu einem System der politischen Corruption führen müsse.

Wir haben die vorstehenden Beurtheilungen als Warnungs-

---

*) Bekanntlich die Berliner Börse.

zeichen niedergeschrieben, ohne sie indess bedingungslos zu vertreten. Der Abfall der Grundbesitzer vom Freihandelsprinzip, unter der Bedingung, dass künftig auch ihnen Schutzzölle gewährt würden, hat im Wesentlichen zu der Umkehr von 1879 geführt. Allein hieraus ohne Weiteres auf bloss egoistische Motive schliessen zu wollen, das hiesse doch alle jene, bei diesem grossen Abfall mitwirkenden und treibenden Umstände übersehen, aus welchen wir oben bereits die Meinungsänderung des Fürsten Bismarck erklärten. Der deutsche Reichstag ist doch noch nicht ganz „veramerikanert", wie viele meinen. Die allgemeine Nothlage, die man mit Zöllen bekämpfen zu können meinte, war auch hier das offen zu Tage liegende Motiv. Und nachdem Fürst Bismarck sich der Bewegung angeschlossen, wurde dieselbe allmählig im Volke und in den Wahlkörpern so mächtig, dass viele, bisher freihändlerische Abgeordnete, sich gegen ihre eigene Ueberzeugung in die neue Bahn gedrängt sahen. Auch nahm der Vorantritt der Reichsregierung in der Schutzzollfrage dem Auftreten der einzelnen Interessenten gewissermassen den Charakter der Selbstsucht, weil ihre Privatinteressen von hoher Stelle, als mit dem öffentlichen Interesse zusammenfallend, anerkannt worden waren. Sprächen diese Umstände nicht mit, so dürfte man allerdings den „Muth", mit dem einzelne Interessenten, namentlich Convertiten neuesten Datums, für ihre eigenen Zölle plaidirten, mit einem anderen Ausdruck bezeichnen.

Gewiss waren es wenig erquickliche Erscheinungen, die der letzte Reichstag im Gebiet der wirthschaftlichen Befähigung und der parlamentarischen Delikatesse zu Tage förderte. Allein die Versammlung war nicht frei; sie handelte unter dem Eindruck einer unerhörten Nothlage, welche Viele, die sich ihrer Unkenntniss auf wirthschaftlichem Gebiet bewusst waren, schon aus dem Grunde auf Seite der reaktionären Tarifreform trieb, weil sie sich sagten: „es könne gar nicht schlimmer werden; ein Versuch mit dem entgegengesetzten Prinzip könne somit vielleicht doch nützen." Und die Session hatte auch nicht bloss unerquickliche Erscheinungen, wie wir sie hier schilderten, sondern auch viele Beispiele der unbefangensten Auffassung, ja Verläugnung der Privatinteressen zu verzeichnen. So stimmten

z. B. gegen 30 Grossgrundbesitzer gegen den Mirbach'schen Roggenzoll und von den Industriellen über ein Drittel gegen die meisten Schutzzölle und gegen den ganzen Tarif.

Mit noch grösserer Milde sind aber die Agitationen der Interessentengruppen zu beurtheilen, die in der That direkt aus dem wachsenden Nothstand ihren Ursprung herleiten. Der Richter ist verantwortlich, der Parteianwalt nicht; er trägt vor, was zu Gunsten seiner Clienten spricht. Ueberdies hatten die ersten Anstifter der ganzen Schutzzollbewegung, die Eisenindustriellen, wie bereits erwähnt, von dem Standpunkt des im Uebrigen in Kraft gebliebenen Industrie-Schutzsystems aus, eine gewisse Berechtigung für ihre Ansprüche. Und wenn später den, von der Krisis am stärksten betroffenen Gewerben, sich auch diejenigen anschlossen, welche niemals vorher an Schutz gedacht hatten, wenn schliesslich auf einer ganzen Linie von Industrien der Anspruch geltend gemacht wurde: „man wolle auch etwas vom Schutzzoll mithaben, weil Andere davon bekämen" (ein Anspruch, dessen Berechtigung sich von den Vätern der Tarifreform von 1879 prinzipiell gar nicht abweisen liess), — wer kann dies auffallend oder gar unrecht finden? Die früher den Zollverein leitende preussische Bureaukratie hatte sich den Privatinteressenten gegenüber stets ziemlich schroff und unzugänglich gezeigt, hatte deren Versicherungen von drohendem Ruin, verhungernden Arbeitern, vollständiger Vernichtung ganzer Gewerbszweige u. s. w., nur sehr bedingungsweise Glauben geschenkt. Nun kommt auf einmal der freundliche, liebenswürdige Herr von Varnbüler aus Würtemberg daher, Schutzzöllner von ächt süddeutscher Färbung. Die Interessenten finden zum erstenmal ein offenes Ohr für ihre Klagen, eine unentweihte Gläubigkeit für ihre Behauptungen. Sie gewahren plötzlich, wie sie Einfluss erlangen, ja schliesslich von der Tarif-Kommission als vollberechtigte Paciscenten angesehen werden. Zollsätze, welche die Interessenten wünschen, vorschlagen, spielen zum erstenmal eine Rolle bei den Entscheidungen, — die Parteien sprechen zum erstenmal mit. Und dass hierbei, und mit der fortschreitenden Nachgiebigkeit in immer stärkerem Maasse, übertriebene Anforderungen, auf Grund gefärbter oder gar absolut falscher Darstellungen durchgesetzt werden konnten, wen setzt dies in Erstaunen? Genau acht Tage vor Schluss des Reichstags, in der Sitzung vom 4. Juli 1879, fing denn auch selbst Herr v. Varnbüler an: „den Aeusserungen der Betheiligten sehr wenig mehr zu glauben.“ Wäre ihm diese Erkenntniss etwas früher gekommen, der Tarif sähe vielleicht anders aus. Man soll die Interessenten hören, aber nicht mit entscheiden lassen; diese Lehre lässt die Geschichte des Tarifs von 1879 zurück.

Kurz, wohin man sich wenden mag, tritt direkt oder indirekt der ausschlaggebende Einfluss der Nothlage hervor. Nur eine Nothlage konnte auch Herrn v. Varnbüler an's Ruder bringen, in dem sich der Uebergang der wirthschaftlichen Leitung Deutschlands von Preussen an Würtemberg symbolisch darstellt. Durch eine seltsame Ironie des Schicksals hat Herr von Varnbüler 1879 seine Revanche für 1866 genommen; — beidemal leider musste das Vaterland die Zeche bezahlen.

Das Dogma: „ein allgemeiner Nothstand sei durch Schutzzölle heilbar“, war der Vater des Tarifs von 1879. Hierin liegt das versöhnende Moment für die Vergangenheit, unsere Hoffnung für die Zukunft; die Noth hat uns den Tarif gebracht, bessere Zeiten werden ihn wieder beseitigen.

II.

Die wissenschaftliche Methode der Reaktion.

Diese Ueberschrift passt eigentlich schlecht. Denn die Methode von 1879 war gerade die Verläugnung aller wissenschaftlichen Forschung und deren Ersatz durch die neuen Lehren, oder vielmehr die nackten Vota der Realpolitiker, der Praktiker, der Fachmänner. Hätte die neue Aera sich allerdings auf eine wissenschaftliche Autorität berufen können, sie würde dies mit Freuden gethan haben. Allein unglücklicherweise stand ihr keine für den verallgemeinerten industriell-agrarischen Schutzzoll zu Gebot; selbst List und Carey sprechen sich nur für ein industrielles, aber aufs entschiedenste gegen ein agrarisches Schutzsystem aus. Unter diesen Umständen war es ganz erklärlich, wie die theoretische Nothdurft der Majorität sich sehr enge Gränzen stecken und von der Verläugnung aller bisherigen wissenschaftlichen Forschung ihren Ausgang nehmen musste. Die Erörterung des „einzelnen Falls“ gab den Reden von jener Seite ihre Signatur. Auf dieses Gebiet suchten sie die Debatte zu beschränken; sie bekämpften die gegnerischen Theorien gar nicht, oder doch nur in gelegentlichen Streifzügen auf dieses, für sie gefährliche Gebiet; sie thaten vielmehr, im summarischen Verfahren, die Theorie selbst in Bann und Acht. Wie lange eine solche Methode bei der „Nation der Denker“ vorhalten wird, ist eine andere Frage; im Jahre 1879 hat sie thatsächlich — ein Zeichen, dass der Nothstand vom materiellen auch in's intellektuelle Gebiet übergetreten war — zum Siege geführt.

Es ist kaum zu begreifen, wie gedankenlos von vielen Menschen die Theorie der National-Oekonomie in einen Gegensatz zur Praxis gestellt wird. So wenig als irgend eine Wissenschaft, ist auch die Volkswirthschaftslehre als abgeschlossen, als fertig zu betrachten. Allein es ist auf alle Fälle durchaus unlogisch, bei einer Erfahrungswissenschaft, wie die National-Oekonomie, einen Satz als theoretisch richtig und zugleich als praktisch falsch zu bezeichnen; denn die Theorie soll ja hier nur der allgemeine Ausdruck der praktischen Erfahrung sein. Erweist sich z. B. der Freihandel in irgend einem Fall, selbst in seiner isolirtesten Anwendung, als dauernd schädlich, so würde dieser empirisch geführte Nachweis der Schädlichkeit, auch die Theorie von seiner Nützlichkeit umstürzen. Freihandel und Schutzzoll als Gegensätze von Theorie und Praxis hinzustellen, ist absoluter Unsinn, ist Verläugnung aller Grundsätze wissenschaftlicher Methodik. Wohl können in der Ueberführung eines theoretisch und praktisch richtigen Grundsatzes in's Leben, also auf dem Gebiet des Staatslebens, unpraktische Missgriffe durch Nichtberücksichtigung bestehender Verhältnisse, allzu schroffe oder zu rasche Einführung u. dgl. vorkommen; allein dies hat mit jener Kardinalfrage nichts gemein. Es giebt keine logische Brücke vom Schutzzoll zum Freihandel, und wenn sich Jemand, wie man dies so überhäufig hört, theoretisch zum Freihandel bekennt, aber den Schutzzoll, sei es unter welchen Umständen es wolle, praktisch für richtig erklärt, so offenbart er dadurch nur ein bedauerliches Defizit seiner Logik.

Bei diesen Angriffen auf die Theorie bedenken die Gegner überhaupt nicht, wie auch sie ohne Schlussfolgerungen, aus denen schliesslich Grundsätze abstrahirt werden, also ohne theoretischen Apparat keinen Schritt vorwärts kommen können. Sie nehmen nur für sich in Anspruch, auf unzweifelhaft richtigen, empirisch nachgewiesenen Thatsachen ihre Schlussfolgerungen aufzubauen, während der Freihändler seine Gesetze auf allgemeinen Annahmen basire, mehr spekulativ verfahre. Es läuft also auf den Streit der induktiven und deduktiven Methode in der Volkswirthschaft hinaus, ob man nämlich nur von der Beobachtung zum Prinzip aufsteigen, oder vom Standpunkte allgemeiner Prinzipien aus seine Folgerungen ziehen dürfe. Der ganze Streit ist eigentlich ein müssiger. Denn wer in der Volkswirthschaftslehre ausschliesslich die induktive Methode, die Beobachtung der Einzelerscheinungen, verfolgen will, sieht sich bald einem solchen Meer durchkreuzender und widersprechender Erscheinungen gegenüber, dass er sich nur durch den Rettungsanker der Deduktion vor dem Versinken in die tiefste Verwirrung bewahren kann. Wer aber bloss deduktiv verfährt, wird sich ebenso rasch sagen müssen, wie er der Einzelbeobachtung, der Induktion, gar nicht entbehren kann, um zu einer klaren Einsicht in die treibenden Kräfte der Volkswirthschaft und zur Prüfung der Richtigkeit oder Unrichtigkeit seiner, durch Deduktion gewonnenen Grundsätze zu gelangen. Die erste treibende Kraft in der Volkswirthschaft ist der Mensch, der sich die Kräfte der Natur dienstbar macht und, mit ihnen vereint, im Wege der Arbeit, die materielle Welt zu den Gegenständen seines Bedarfs und Begehrs benutzt oder umformt. Die Volkswirthschaft wurzelt also in der Psychologie; ihre Gesetze basiren „auf dem psychologischen Verhalten des Menschen zu den Fragen der Arbeit und des Genusses, und ihre Aufgabe ist es, dies Verhalten so von innen auszubilden und von aussen zu regeln, dass die wirthschaftlichen Ziele mit den allgemeinen staatlichen und menschlichen Kulturaufgaben harmonisch zusammenfallen“*). Diese Stellung im Rahmen der Wissenschaft und des Lebens zeichnet der Volkswirthschaftslehre von selbst ihre Methodik vor. Die Deduktion ist ihr naturnothwendiger Ausgangs-, die Induktion ihr Zielpunkt. Je weiter die Beobachtung in das verworrene Getriebe des Güterlebens eindringt, je höher sich die Schätze der Erfahrung aufhäufen, desto mehr wird die deduktive Methode in den Hintergrund, die induktive in den Vordergrund treten; dies ist auch thatsächlich der Entwickelungsgang der volkswirthschaftlichen Lehre seit Adam Smith gewesen. Und der Statistik fällt die grosse Aufgabe zu, diesen Uebergang von der theoretischen Formulirung zum exakten Beweis zu vermitteln.

Das Lehrsystem unserer volkswirthschaftlichen Reaktionäre

---

*) Aus der Schrift des Verfassers: Die wirthschaftliche Krisis. Berlin 1876.

von 1879 war eine Karrikatur der induktiven Methode. Die Praxis, die Erfahrung wurden höchtönend als Grundgesetz proklamirt; in Wirklichkeit aber schlug man ihnen ins Gesicht, und setzte die Ausnahmeerscheinungen eines Nothstands an die Stelle allgemeiner Erfahrungssätze des normalen wirthschaftlichen Lebens. Auf dieser negativen Basis, mit Zuhülfenahme des Dogmas von der Heilbarkeit des Nothstandes durch Zölle, ist der Tarif von 1879 aufgebaut worden. Die tollste theoretische Spekulation kann in der That zu keinen solchen logischen Verirrungen führen, wie eine Induktion, der das Fundament allgemeiner Erfahrungssätze fehlt, die auf den „einzelnen Fall“ baut. Auf diesem Wege mussten die Anhänger der neuen industriell-agrarischen Schule nothwendig auf Schritt und Tritt mit den bisherigen Ergebnissen vereinter wissenschaftlicher Forschung und praktischer Erfahrung in Konflikt kommen. Um sich den Weg einigermaassen zu ebnen, wurden unbequeme Faktoren summarisch beseitigt, so der „Konsument“ und der „sogenannte arme Mann“ (eine dem Centrum zu verdankende Bereicherung unseres parlamentarischen Sprachschatzes), — überwundene Standpunkte, deren blosse Erwähnung die Majorität schon langweilte. Charakteristisch für eine Partei, die doch Praxis und Erfahrung als ihre ausschliessliche Domäne in Anspruch nahm, war insbesondere auch die systematische Anfeindung der Statistik. Dr. Engel galt für eine höchst suspecte Persönlichkeit; überall witterte man Ungenauigkeit, tendenziöse Entstehungsweise oder Gruppirung, weil die statistischen Zahlen nicht in den Kram passten. Ebenso zeigten sich die Auswüchse eines, auf unhaltbarer Grundlage ruhenden Systems, in jenem Versteckenspielen mit Zugeständnissen, die man sofort im andern Fall wieder zurücknahm, im Zugeben von Belastungen, während man den Belasteten läugnete, im Aufstellen paradoxer Behauptungen, auf vereinzelte Ausnahmefälle basirt, im Zurückkommen auf merkantilistische Schlagwörter, die man unter dem Staub der Jahrhunderte längst begraben wähnte, und schliesslich in jenen, auf die Einschläferung der Kritik berechneten Gefühlsanrufungen für die Nothlage, die dann unmittelbar zum Dogma von deren Heilung durch Schutzzölle hinüberführten, ohne dass auch nur der Versuch unternommen worden wäre, den Nothstand aus den Zollmaassregeln von 1865/70 abzuleiten.

Und doch schälte sich aus dieser roh-empirischen Behandlung der wirthschaftlichen Frage ein bestimmtes System heraus, zu welchem sich die Interessenten, weil es „praktisch", die Dilettanten, weil es höchst einfach und fasslich war, bekannten. Der Inbegriff aller wirthschaftlichen Thätigkeit ist die Operation des Tausches eigener und fremder Leistungen. Diese Operation hat also zwei Seiten: den Verkauf der eigenen Arbeitsleistung (Produzent) und den Einkauf der Arbeitsleistungen dritter (Konsument). Jede dieser beiden, in untrennbarem wirthschaftlichen Zusammenhang stehenden Theil-Operationen, steht, für sich betrachtet, in einem Gegensatz zu der anderen Operation, welcher sofort hervortritt, sowie durch äussere Maassregeln die eine von beiden Theil-Operationen künstlich bevorzugt oder benachtheiligt wird. Und dies ist die Tendenz des Schutzzolls, gleichviel ob er beabsichtigt die Preise oder nur den Umfang gewisser Produktionen zu steigern. Wenn nun Jemand seine ökonomischen Forschungen mit dem blossen Produktionsinteresse abschliesst und die Gegenwirkungen auf die mit der Konsumtion zusammenhängenden Interessen und deren Kreislauf zum Produzenten zurück unerörtert lässt, so beschränkt sich seine ganze wirthschaftliche Nothdurft auf den Einen Satz „durch Schutzzölle möglichst hohe Vergütung für die eigene Arbeitsleistung zu erlangen und Gott für das Weitere sorgen zu lassen." Dies ist, bewusst oder unbewusst, die Quintessenz der neuen wirthschaftlichen Lehrmethode.

Für diese Lehre ist der Fachmann, der Interessent der wahre und einzige Nationalökonom; — das allmählige Eindringen dieses erhebenden Bewusstseins nationalökonomischer Befähigung konnte man denn auch in den Reihen der letzten Reichstagsmajorität fast von Sitzung zu Sitzung verfolgen.

Zu ihrer parlamentarischen Introduktion bedurfte diese neue „Doktrin des reinen Produzenteninteresses" allerdings noch der Berufung auf's Gemeinwohl. Es ist klar, wie ein Produzent, der mehr verdient oder absetzt, auch im Stand ist, seinen Arbeitern höheren Lohn zu geben, oder eine grössere Zahl derselben zu beschäftigen. Der Satz ist an und für sich unanfechtbar; die Gewissen sind somit salvirt, die Erhöhung der eignen Zölle wird zur patriotischen That. Und wer will sich nun den Kopf noch weiter verwüsten, wenn man zu so schönen, in sich geschlossenen Lehren gelangt ist, die das eigne Interesse harmonisch mit dem Gemeinwohl verbinden!

Aber auch für die grosse Zahl der ausserhalb aller speziellen Fachinteressen stehenden Dilettanten, hat obige Lehre in ihrer Einfachheit und Fasslichkeit etwas sehr bestechendes, umsomehr, als der Nothschrei der leidenden Gewerbszweige, von der Gefühlsseite her, auf deren Annahme hindrängte.

Giebt man die Prämisse der neuen Produzentenschule zu, dass jeder Konsument auch Produzent, und dass Produktions- und Konsumtionsinteressen identisch seien, also der Aufschwung Eines Gewerbes auch den adäquaten Aufschwung der anderen bedeute, beziehungsweise bedinge, so lässt sich gegen jene Schlussfolgerungen nichts Wesentliches einwenden. Allein diese Identität, soweit sie beim freien Walten der wirthschaftlichen Kräfte anerkannt werden muss, hebt eben der Schutzzoll auf, indem er sich in das Walten der natürlichen Gesetze der Wertherzeugung und Preisbildung eindrängt. Jene Prämisse ist also falsch; eine Ausgleichung von Vortheilen und Nachtheilen der Schutzzölle kann unter Umständen stattfinden (und dann war die spezifische Wirkung des Schutzzolls gleich Null), allein immer nur als Ausnahme.

Um dies zu beweisen genügt ein unbefangener Blick in die realen Verhältnisse des Lebens. Nichts ist zunächst falscher, als die Annahme, dass im einzelnen Individuum, oder innerhalb, oder zwischen einzelnen Erwerbsgruppen, sich die Interessen des Produzenten und Konsumenten ausglichen. Dies würde in erster Linie voraus setzen, dass alle Menschen, wie sie in der That Konsumenten sind, auch Produzenten wären. Nach der Berufszählung von 1875 kommen in Deutschland auf 42 Millionen Einwohner nur 16 Millionen erwerbsthätige Produzenten materieller und immaterieller Güter, wobei Arbeitgeber und Arbeitnehmer, mit allen im Alter von 15 bis 65 Jahren stehenden Angehörigen beiderlei Geschlechts, zusammengerechnet sind. Die erwerbsunfähigen Angehörigen unter 15 und über 65 Jahren betragen in Deutschland 62 pCt. der Gesammtbevölkerung;

jeder Erwerbthätige ist also durchschnittlich, ausser seiner eignen, mit der Ernährung und Erhaltung von 1,64 nicht erwerbthätigen Angehörigen, d. h. reiner Konsumenten belastet.*) Diese Belastungsziffer wechselt aber nicht bloss ausserordentlich in den einzelnen Berufsklassen, sondern je nach der Stärke der einzelnen Haushaltungen; die Belastung durch einen Schutzzoll erweist sich sonach als eine enorm verschiedene, je nachdem sie einen Junggesellen oder einen Familienvater trifft, der vielleicht ein halbes Dutzend erwerbsunfähige Angehörige zu ernähren hat. Auch die Ueberwälzung von Vertheurungen auf die letzten Konsumenten, beziehungsweise vom Arbeitnehmer auf den Arbeitgeber, wird sich höchstens bis zum Durchschnitt jener allgemeinen Belastungsziffer durchsetzen lassen; was darüber hinaus geht hat der Betroffene allein zu tragen.

Die Gleichmässigkeit der Schutzzoll-Belastungen und -Vortheile leidet ferner Schiffbruch an dem Verhältniss zwischen den Produzenten materieller und immaterieller Güter. Die letztere Kategorie umfasst die Millionen von Staatsbürgern und Angehörigen, welche für Gesundheits- und Geistespflege, Rechtschutz, öffentliche Sicherheit u. s. w. thätig sind und meist in festem Gehalt stehen. Der Wechsel, welchen der Brief des Fürsten Reichskanzlers vom 15. Dec. 1878 den Beamten auf Erhöhung ihrer Gehälter, als Ersatz von Schutzzollvertheurungen, ausstellt, dürfte uneingelöst bleiben, wenn sich nachweisen lässt, dass ein erhöhter Volkswohlstand durch die Zollpolitik von 1879 nicht zu erwarten ist. Für diese, im Wesentlichen alle Staats- und Privatbeamte, das Heer und die Flotte umfassende Konsumentenklasse, hat also der Schutzzoll nur die Chance des Nachtheils, so lange wenigstens, bis sich alle Gehälter dem veränderten Preisniveau ihrer Bedürfnisse angepasst haben werden, was nur langsam und höchst ungleichmässig geschehen könnte.

Auch das Verhältniss der Arbeitgeber zu den Arbeitnehmern bedingt die höchste Ungleichmässigkeit in der Ver-

---

*) Siehe hierüber den vortrefflichen Aufsatz von Dr. Engel: „Wer ist Consument, wer Produzent?“ im 19. Jahrgang der Zeitschrift des K. Preuss. statistischen Bureaus.

theilung der Lasten und Vortheile aus Schutzzöllen. Gewiss kann ein Arbeitgeber, wenn er höhere Preise erzielt, den Arbeitern mehr Lohn geben. Allein dieses caritative Moment ist leider noch nicht zu einem maassgebenden Faktor in der Volkswirthschaft gediehen, und so sehen wir in der Regel die Lohnsteigerungen erst mit der verstärkten Nachfrage nach Arbeitern eintreten. Wie steht's aber nun mit den Arbeitern in den Zweigen, wo der Schutzzoll den Gewinn des Arbeitgebers und den Umfang seines Gewerbes herabdrückt, also z. B. mit den Hunderttausenden von Arbeitern, welche für die Ausfuhr beschäftigt sind? Ist es hier, selbst beim besten Willen des Arbeitgebers, möglich, dass er seinen Arbeitern die Schutzzollvertheuerungen durch höheren Lohn ersetze? Kurz, wir sehen überall eine solche Verschiedenheit der Produktions- und Konsumtionsinteressen zwischen den einzelnen Individuen oder Erwerbsgruppen, dass es als hohle Phrase erscheint, eine Ausgleichung von Produktionsvortheilen und Konsumtionsnachtheilen innerhalb derselben Persönlichkeiten oder Gruppen zu unterstellen.

Die Identität des Produktions- und Konsumtionsinteresses erweist sich als ebenso unhaltbar, wenn man die ausserordentliche Verschiedenheit berücksichtigt, womit sich die Schutzzollbelastungen vertheilen. Dies tritt insbesondere bei der Vertheuerung der Rohstoffe und Halbfabrikate hervor, welche zur Weiterverarbeitung dienen. Die Fortwälzung auf den letzten Konsumenten wird hierbei, je nach den Konjunkturen, also wenigstens zeitlich oder örtlich, häufig unmöglich sein; unbedingt unmöglich ist sie aber bei den für die Ausfuhr bestimmten Erzeugnissen, welche bei vielen unserer Hauptindustrien eine so bedeutende Quote der Gesammtproduktion ausmachen. Welcher Unterschied z. B. in der Belastung durch den erhöhten Twistzoll, ob sich Jemand im Jahre für Hundert Mark Baumwollstoffe kauft, oder ob er Tausende von Centnern Twist zur Weiterverarbeitung für das Ausland bezieht?

Wohin wir also blicken, zeigt sich, wie die Produzenteninteressen in keiner Weise identisch mit den Konsumtionsinteressen sind, wie also die Hebung Eines Gewerbes durch den Schutzzoll in keiner Weise einen Schluss auf allgemeine

Hebung der Erwerbsthätigkeit und noch weniger auf eine gleichmässige Vertheilung der Vortheile und Lasten auf die verschiedenen Kategorien der Produzenten und Konsumenten gestattet. Und damit fällt die ganze Voraussetzung der modernen Produzentenschule zu Boden und bleibt also in jedem Fall die nachtheilige Gegenwirkung zu untersuchen, welche die isolirte Begünstigung einzelner Produktionskategorien auf die anderen Kategorien und auf die an der sachlichen Produktion unbetheiligten Konsumenten ausübt. Es bleibt somit die volle Berechtigung bestehen, den Schutzzoll als Mittel zur Förderung spezieller Interessen, allein nicht allgemeiner Interessen anzusehen.

Als natürlichen Reflex dieser Verhältnisse und der verschiedenen Intensität der Schutzzollwirkungen zum Vortheil oder Nachtheil bestimmter Kategorien von Produzenten oder Konsumenten, gewahren wir denn auch eine ausserordentliche Verschiedenheit in deren Stellung zur Schutzzollfrage, noch mehr aber in der agitatorischen Thätigkeit für oder gegen dieselbe. Wir sind hiermit an einer gefährlichen Klippe für die richtige Auffassung der Interessenverhältnisse angelangt, woran Jeder scheitern muss, der nicht eine tiefere Einsicht in das Wesen des wirthschaftlichen Lebens und die dadurch bedingte Taktik der Interessenvertretung gewonnen hat. Man schliesst nämlich unwillkürlich, insbesondere auf dem Gebiet der materiellen Interessen, von einer subjektiven Verschiedenheit in der Wucht des Angriffs oder der Vertheidigung, auf eine entsprechende Verschiedenheit in der objektiven Bedeutung der streitenden Interessen. Und dieser Schluss ist falsch. Die Gegensätze der Konsumtions- und Produktionsinteressen finden nämlich in der öffentlichen Vertretung und Geltendmachung derselben keineswegs ihren adäquaten Ausdruck. Kein vernünftiger Mensch wird bestreiten, dass die Mindereinnahme Eines Menschen von 1000 Mark, sich gegen die Mehreinnahmen oder, was dasselbe ist, die Minderausgaben von 1000 Menschen zu je Einer Mark vollständig aufheben; die Konsumtionsfähigkeit der Letzteren wird zusammengenommen um genau denselben Betrag vermehrt, wie die jenes Einen vermindert. Man würde aber sehr fehlgehen, wenn man daraus schliessen wollte, dass dieses materielle Gleichgewicht nun auch in der subjektiven Vertretung der entgegenstehenden Interessen irgendwie seinen Ausdruck finden würde. Dies ist keineswegs der Fall; es wird im Gegentheil der Eine, welcher gern 1000 Mark mehr einnehmen oder weniger verlieren möchte, alle Hebel der Agitation in Bewegung setzen und auch zu setzen im Stande sein, während jene Tausend, die entgegengesetzt, aber jeder nur zu einem kleinen Betrag betheiligt sind, die Mühe und Kosten einer Gegenagitation scheuen und somit jenem das Feld allein überlassen, oder doch nur mit ungleich geringerer Wucht in den Kampf eintreten. Dieses Beispiel wiederholt sich im öffentlichen Leben, namentlich aber zu Zeiten der Noth, in unzähligen Variationen. Die Produzenten-Interessen treten naturgemäss stets viel konzentrirter auf als die Konsumenten-Interessen. Dies ist kein Zufall oder keine willkürliche taktische Verschiedenheit in der Kampfesweise, sondern sie wurzelt in der Natur der Arbeitstheilung, auf der unser ganzes wirthschaftliches Gebäude ruht. Wenn Jemand eine bestimmte Waare produzirt, so konzentrirt sich zunächst sein ganzes Interesse in dem Preis dieser Waare, also auch der Schutzzollmaassregel, die diesen Preis zu steigern bestimmt ist. Indem der Produzent aber seine Waare an eine grosse Zahl einzelner Konsumenten verkauft, tritt bei jedem Einzelnen das Interesse gegen eine Preiserhöhung dieser Waare als ein im Betrage geringeres hervor, und je grösser die Zersplitterung der Konsumtion ist, desto schwieriger wird es, die grosse Zahl der um geringe Beträge Geschädigten zu einer gemeinsamen Gegenagitation zu vereinigen, welche der Einwirkung der wenigen Produzenten taktisch das Gegengewicht hält. Die Richtigkeit dieser Behauptung leuchtet am besten ein, wenn man den Streit zwischen den verschiedenen Produktionsstufen desselben Gewerbes, z. B. zwischen Spinnern und Webern, betrachtet, wobei der Weber die Konsumtions-Interessen vertritt. Obgleich nun hier die Weber, was Zahl der Arbeitgeber und Arbeiter, Ausdehnung des Gewerbes u. s. w. betrifft, ganz bedeutend überwiegen, hat die Agitation der Letzteren niemals einen solchen Umfang, eine solche Intensität und einen solchen Erfolg erreicht, als die Agitation der Spinner. Ein gleiches gilt von den verschiedenen Stufen der Eisenindustrie; die ausgedehntere höhere Stufe entfaltete stets eine weit geringere agitatorische Wucht, als die vorhergehende niedere Stufe. Je grösser die Zersplitterung der Konsumtion, je weniger intensiv der Widerstand der Konsumenten gegen die Schutzzollbelastungen. Und der „letzte Konsument“ schweigt ganz still.

Wer also in den Lehren der Volkswirthschaft nicht vollständig bewandert war, oder seinen Katechismus, wie oben geschildert, mit dem einseitigen Produzenteninteresse abgeschlossen hatte, der konnte leicht verführt werden, aus dem gewaltigen Ueberwiegen der Produzenten-Agitationen ein wirthschaftliches oder gar logisches Ueberwiegen derselben, und aus dem Schweigen der Konsumenten, mit Herrn von Schorlemer, eine Gleichgültigkeit, oder gar Zustimmung derselben zu folgern. Nein, dieses weniger intensive Auftreten der Konsumenten, diese taktische Ueberlegenheit der Produzenten, liegt in der Natur der Dinge begründet; die verschiedenen Agitationshöhen dürfen daher nie und nimmer bei Entscheidung wirthschaftlicher Fragen den Ausschlag geben. Wenn es also, wie an einer früheren Stelle erwähnt, bei der Tarifreform von 1879 zum erstenmal seit Gründung des Zollvereins vorkam, dass den Interessenten ein überwiegender und direkter Einfluss bei Gestaltung des Zolltarifs eingeräumt wurde, wenn die früheren Vertreter der Gegeninteressen, insbesondere der grösste Theil der Gutsbesitzer, vom Freihandel abgefallen war, so konnte es gar nicht ausbleiben, dass der Tarif sich so gestaltet hat, wie er ist. Viele seiner Sätze sind geradezu als Agitations-Prämien zu bezeichnen, wobei es in einzelnen Fällen wohl auch vorkam, dass geschickt vertretene Konsumtionsinteressen Gnade fanden und zu den merkwürdigsten Anomalien führten. Die Stärke der Agitation galt als wesentlichster Maassstab für die Nothwendigkeit und die Höhe der Schutzzollbemessung. Unter dem Drängen der konzentrirten Noth wurden die Interessen der zersplitterten Noth übersehen und die Traditionen der alten preussischen Bureaukratie, welche durch Unpartheilichkeit und Gerechtigkeit das Agitations-Defizit des Konsumenten ergänzte, in ihr Gegentheil verkehrt.

Wir haben oben den Fürsten Bismarck als die Seele der

ganzen Bewegung bezeichnet, die zu diesem traurigen Ergebniss geführt hat. Und doch wäre es ungerecht, die Anschauungen, von denen er ausging, lediglich in jenem Interessenten-Katechismus wiederfinden zu wollen, so wie auch wohl angenommen werden darf, dass Herr von Varnbüler, was die Höhe der Industrie-Schutzzölle betrifft, vielfach über die Intentionen des Reichskanzlers hinaus gegangen ist. Denn der Passus in dem Brief des Reichskanzlers vom 15. Dec. 1878, wonach es sich „vielleicht empfehlen würde, bei manchen Artikeln, im Interesse einzelner besonders leidender Zweige der heimischen Industrie, eine Wiederherstellung höherer, oder Erhöhung der gegenwärtigen Zollsätze vorzunehmen," ist unmöglich mit dem stattgehabten maasslosen Hinaufschrauben des ganzen Zolltarifs, in fast allen Positionen, in Einklang zu bringen. Die Coalitionen der Parteien und Interessenten und die Nothwendigkeit, für den finanziell-volkswirthschaftlichen Gesammtplan des Fürsten eine Majorität zu sichern, haben ihn dazu geführt, die Varnbüler'schen Ausschreitungen mit in den Kauf zu nehmen.

Fürst Bismarck ging bezüglich der Tarifreform von einer selbsterdachten, in jenem Briefe vom 15. Dec. niedergelegten generellen Idee aus, die auf den ersten Blick bestechen muss, leider aber theoretisch und praktisch unhaltbar ist. Es ist die Idee einer Aufhebung der isolirten Schutzzollwirkung durch deren Verallgemeinerung. „Schutzzölle für einzelne Industriezweige," so heisst es dort, „wirken wie ein Privilegium und begegnen auf Seite der Vertreter der nicht geschützten Zweige der Erwerbsthätigkeit der Abneigung, welcher das Privilegium ausgesetzt ist. Dieser Abneignng wird ein Zollsystem nicht begegnen können, welches der gesammten inländischen Produktion einen Vorzug vor der ausländischen Produktion auf dem einheimischen Markte gewährt."

Wir werden an einer anderen Stelle, bei Besprechung der Getreidezölle, auf den unversöhnlichen Widerspruch des Tarifs von 1879 mit den Grundsätzen der Zollgesetzgebung von 1818, deren Uebereinstimmung der Fürst doch für sein System in Anspruch nimmt, noch näher eingehen. Hier sei nur an die unbestreitbare, im Tenor des Gesetzes, wie in den Zahlen des

Tarifs ausgedrückte Thatsache angeknüpft, dass jene Gesetzgebung einen mässigen Schutzzoll lediglich für die inländische Industrie festsetzte, ein Zugeständniss, das Maassen contre coeur den unter der Kontinentalsperre entstandenen rheinischen Fabriken machen musste. Das Schutzsystem im Gesetz von 1818 tritt hiernach als eine bestimmt begränzte Ausnahme auf, — eine Ausnahme, die sich, im Verhältniss zu dem damaligen enormen Ueberwiegen der Landwirthschaft, nur über einen kleinen Theil der Bedürfnisse und Interessen des Volks erstreckte. Die Idee, diese Ausnahme zu verallgemeinern, insbesondere auf die Landwirthschaft auszudehnen, steht also im direktesten Widerspruch mit den Prinzipien von 1818.

Das Irrthümliche, ja Unmögliche des Bismarck'schen Planes lässt sich schon theoretisch nachweisen. Der Schutzzoll kann nur den Charakter einer Ausnahmemaassregel tragen, wie sie 1818 das grosse Gebiet der Landwirthschaft, der über drei Viertheile der Bevölkerung oblagen, dem kleinen Gebiet der Industrie zugestand. Den Schutzzoll verallgemeinern, heisst ihn aufheben. Denn die einfache logische Konsequenz jener Verallgemeinerungs-Idee kann keine andere sein, als „die Nachtheile, welche die übrigen Schutzzölle Einem Gewerbe bringen, durch die Vortheile des dem Letzteren gewährten Schutzzolls wieder auszugleichen, oder, was dasselbe ist, für die Vortheile, die der Schutzzoll Einem Gewerbe gewährt, dasselbe mit einer gleichen Summe von Nachtheilen zu Gunsten aller übrigen geschützten Gewerbe zu belasten." Man sieht also, wie der verallgemeinerte Schutzzoll, je vollendeter er seinen Zweck erreicht, je wirkungsloser wird, sich in sich selbst aufhebt. Es wäre die Lösung der Münchhausen'schen Aufgabe, sich selbst am Zopf in die Höhe zu heben.

Der Schutzzoll ist also, theoretisch wie praktisch, nur als Ausnahme denkbar; aus diesem Grunde haben auch alle Vertheidiger des Schutzzolls, so namentlich List und Carey, eine baldige Verringerung und ein endliches Aufhören der dadurch den anderen Erwerbszweigen auferlegten Opfer, mit der Idee des wirthschaftlich zulässigen Schutzzolls untrennbar verbunden. Hundert Personen können wohl eine bestimmte Theilzahl unterstützen; allein wenn sie sich alle gegenseitig und gleichmässig unterstützen sollen, so stehen sich alle wieder gerade so, als wenn gar keine Unterstützung stattfände. Verallgemeinerter Schutzzoll könnte, in seinen praktischen Konsequenzen, nur dahin führen, dass, abgesehen von der verstärkten Belastung des oben nachgewiesenen grossen, ausserhalb aller Produktionsinteressen stehenden Theils der Bevölkerung, das Niveau aller inländischen Preise für Produkte und Leistungen entsprechend steigen und eine Ausfuhr ins Ausland unmöglich würde, wenn man nicht dorthin um den Betrag der Zollbelastung billiger verkaufte. Indem wir die unabweisbare Konsequenz des verallgemeinerten Schutzzolls bis zu einer solchen Verläugnung aller wirthschaftlichen Logik (für das Inland theuer, für das Ausland billig) verfolgt haben, dürfen wir diese Idee wohl umsomehr verlassen, als sie selbst von den ergebensten Dienern des Reichskanzlers bei der Durchführung des Tarifs von 1879 fallen gelassen wurde. Leider aber geschah dies nicht, ohne die traurigen Spuren des aufgegebenen Prinzips in den Getreide-, Holz- und Viehzöllen und in der Wiedereinführung vieler kleinen Zölle, welche die Delbrück'sche Periode abgeschafft hatte, zu hinterlassen, die sich nun mit dem Varnbüler'schen Hinaufschrauben der industriellen Schutzzölle und mit neuen Finanzzöllen zu jenem zollpolitischen Conglomerat vereinigten, welches der Tarif von 1879 genannt wird.

Auf diesem historischen Wege ist Deutschland zur Herrschaft eines industriell-agrarischen Schutzsystems gelangt, welches, wie bereits erwähnt, keine einzige Autorität auf dem Gebiete der gesammten Volkswirthschaft, nicht einmal die schutzzöllnerischen Schriftsteller List, Carey u. s. w. zu Vertheidigern hat, eines Systems, mit welchem Preussen zuerst unter allen Staaten gebrochen hatte, welches gegenwärtig selbst von den konsequentesten Schutzzollstaaten, wie Frankreich, Oesterreich, Russland, Nordamerika verläugnet wird, nachdem es sich in der Praxis als absolut unhaltbar erwiesen hatte. Es steht „auf sich selbst allein."

War aber nun einmal das Dogma adoptirt, dass man den allgemeinen Nothstand durch Zollmaassregeln heilen könne, welche die Einfuhren beschränkten und die Preise steigerten, so liess sich auch nichts mehr gegen die fliegende Eile einwenden, mit welcher eine Total-Reform auf dem schwierigsten aller staatlichen Gebiete nunmehr begonnen und binnen soviel Monaten durchgeführt wurde, als Jahre zu einer gründlichen und umfassenden Prüfung erforderlich gewesen wären. Nur auf zwei Gebieten fand man Vorarbeiten, in den Berichten nämlich der Experten-Kommissionen für die Eisen- und die Textil-Industrie. Das Ergebniss der ersteren Enquête, welches bereits im Bericht eine ausgesprochen schutzzöllnerische Färbung erhalten hatte, wurde in seinen extremsten Forderungen adoptirt; der Bericht über die Textil-Industrie dagegen, ein Muster der Unpartheilichkeit und Objectivität, ward, um den mildesten Ausdruck zu gebrauchen, völlig entstellt, zur Unterlage der seinen Ergebnissen direkt entgegengesetzten Zollerhöhungen gemacht. Für alle übrigen Zweige dienten lediglich die mangelhaften Ein- und Ausfuhrlisten, die merkantilistische Formel von dem Nutzen der Einfuhrbeschränkungen für die nationale Arbeit und das von den Interessenten selbst zur Unterstützung ihrer Schutzzollansprüche gelieferte Material, zur Basis und Richtschnur der Reformarbeit. Und dabei galt nur der Produzent für zurechnungsfähig, der für Zollerhöhungen plaidirte; die zahlreichen Industriellen und Landwirthe, welche gegen jede Zollerhöhung waren, wurden als beschränkte Menschen angesehen; manchen Zweigen wurde der Schutzzoll, trotz ihres Widerstrebens, förmlich aufoktroyirt. Man kann sowohl Herrn von Varnbüler, als auch der parlamentarischen Tarif-Kommission und dem Reichstag das Zeugniss unermüdlichen Fleisses nicht versagen, und darf dennoch behaupten, wie noch niemals ein grossartiges, in tausend Verhältnisse und althergebrachte Beziehungen tief einschneidendes Reformwerk, in solcher Ueberstürzung und auf so hohlen, unzulänglichen Grundlagen aufgebaut worden ist, als der Tarif von 1879. Insbesondere enthalten die demselben beigegebenen Motive solche Leistungen volkswirthschaftlicher Unkenntniss und Oberflächlichkeit, dass selbst die fliegende Eile, die nun einmal geboten war, keine Entschuldigung hierfür bietet.

III.

Die agrarischen Schutzzölle.

Erörtern wir nunmehr den prinzipiellen Unterschied der Reform von 1879 und der bisherigen Tarifpolitik, so zeigt sich derselbe sowohl in der allgemeinen Rückkehr zu höheren Zöllen, als insbesondere in der Hinzufügung des agrarischen zum industriellen Schutzsystem.

Fürst Bismarck versuchte in der Sitzung vom 8. Mai 1879, in einer Entgegnung an den Abgeordneten Oechelhäuser, den Tarif von 1818 als noch schutzzöllnerischer, wie den vorgeschlagenen Tarif von 1879 darzustellen und damit die Verläugnung der Prinzipien von 1818 zurückzuweisen. Abgesehen davon, wie es Niemandem in den Sinn kommen könnte, Sätze, die vor 60 Jahren ihre Berechtigung haben mochten, in ihrer absoluten Höhe für die gänzlich veränderten heutigen Verhältnisse empfehlen zu wollen, litt doch jene Exemplifikation des Reichskanzlers an dem Mangel, dass derjenigen wichtigen Kategorien, z. B. Getreide, Holz, Vieh, Roheisen, Leinengarn u. s. w. nicht gedacht wurde, die zollfrei, oder nur mit geringen Kontrolabgaben belastet, eingingen, und dass ferner die Preise fast aller Waaren, auf welche damals Schutzzölle gelegt waren, seit jener Zeit enorm gesunken sind, so dass, im Verhältniss zum Werth der geschützten Gegenstände, die Tendenz des Tarifs von 1818 als eines höchst gemässigten Schutzzolltarifs, inmitten der Prohibitionen der Nachbarländer, noch stärker hervortritt. Die seitherige Entwickelung, insbesondere die freisinnigen Reformen der sechziger Jahre, waren einfache Konsequenzen jener Tarifgesetzgebung und der durch die Eisenbahnen bewirkten stärkeren Strömungen des Verkehrslebens. Die Prinzipien von 1818 finden also nicht bloss in den Zahlen des ersten Tarifs, sondern in der auf ihrem Boden stattgehabten sechzigjährigen Entwicklung ihren authentischen Ausdruck. Dieser Entwicklung steuert der Tarif von 1879 direkt entgegen, wenn auch seine speziellen Tarifsätze vielfach nicht bis auf 1818 zurückgehen.

Nach dem Wortlaut des Gesetzes von 1818 und der Präzisirung seiner Tendenz durch den Tarif, stellte sich das System von 1818 als ein Finanzzollsystem, verbunden mit einem gemässigten Industrieschutzsystem dar. Es ist hiernach vergebliche Mühe zu läugnen, wie die agrarischen Schutzzölle des Tarifs von 1879 eine offenbare Verletzung der Prinzipien von 1818 involviren und den am meisten hervortretenden Scheidungspunkt zwischen 1818 und 1879 bilden.

Das Gesetz von 1818 kannte, wie schon erwähnt, den Schutzzoll, der in der Regel 10 pCt. vom Werth der Waaren nicht überschreiten sollte, nur als Ausnahme; wie wir oben erörterten, ist der Schutzzoll überhaupt nur in diesem Sinne denkbar.

Wenn wir aber hier den prinzipiellen Unterschied, beziehungsweise die weit grössere Bedenklichkeit der agrarischen, im Vergleich zu industriellen Schutzzöllen erörtern, so hat man darin noch keine Apologie des Schutzsystems überhaupt, am Wenigsten aber eine Rechtfertigung der 1879 vorgenommenen exorbitanten Erhöhungen der Industrie-Schutzzölle zu erblicken.

Der Ackerbau war in früheren Zeiten die Haupterwerbsquelle Preussens und dessen Produkte bildeten den Hauptgegenstand seiner Ausfuhren. Gegen 85 pCt. der Bevölkerung nährte sich vom Ackerbau. Man hätte in der That den Schutzzoll verallgemeinert, wenn man damals, ausser den industriellen, auch agrarische Zölle eingeführt hätte. Von dem in den zwanziger Jahren unternommenen Versuch eines Kampfzolls gegen Russland, welcher, im wesentlichen allerdings nur auf dem Papier, Spuren von Getreidezöllen bis in die sechziger Jahre hinterliess, kann vollständig abgesehen werden; der Kanzler selbst hat in der Sitzung vom 21. Mai 1879 das baldige Ende jenes Kampfzollversuchs konstatirt. Auch konnten überhaupt Getreidezölle erst dann eine praktische Bedeutung gewinnen, als das frühere Uebergewicht der Ausfuhr in ein Uebergewicht der Einfuhr umschlug; was früher wirkungslos geblieben wäre, erscheint heute als höchst bedenklick. Keine Getreidezölle im Tarif, dagegen gleichzeitiger Erlass des Gesetzes über die Einführung einer verhältnissmässig hohen Grundsteuer, — das war die agrarische Tendenz der Gesetzgebung von 1818, die also der gegenwärtigen Richtung diametral entgegen steht.

Unter Schutzzoll begriff man überhaupt damals etwas ganz anderes wie heute. Damals dachte man nicht daran, wie dies heute offen ausgesprochen wird, irgend einem Gewerbtreibenden das Risiko für seine Kapitalverwendungen abnehmen, ihm Vermögen oder Ertrag garantiren, die Unterschiede der in- und ausländischen Selbstkosten ersetzen zu wollen, oder wie sonst alle die, theils verhüllt, theils offen hervortretenden Forderungen unserer Tage lauten. In der Tarifkommission erregte eine Petition Heiterkeit, worin der Petent die Angemessenheit einer Dividende von 7½ pCt. zu Grunde legte und die Höhe des Schutzzolls hiernach ausrechnete; und doch war diese Forderung nur eine einfache Konsequenz der Prinzipien, wovon sich thatsächlich, wenn auch uneingestanden, die Majorität bei Konstruktion des Tarifs von 1879 leiten liess. Im Gesetz von 1818 dagegen setzte man, behufs rascherer Einbürgerung von Industriezweigen, die besondere Kenntniss und Geschicklichkeit erforderten, geübter Leiter und Arbeiter noch entbehrten, gewissermassen eine mässige Prämie aus, wie sie für das einfache, naturwüchsige Gewerbe des Ackerbau's überhaupt keinen Sinn gehabt hätte. Man erkannte keinen Anspruch des Geschützten, keine Verpflichtung des Staats an; man offerirte bloss eine Prämie zu einem Betrag, den die Konsumtion ertragen konnte, und überliess dem Geschützten auf diesem Boden soweit vorwärts zu kommen, als er wolle oder könne. Der Schutzzoll ward stets im Sinne einer Ausnahme, nicht eines positiven Systems aufgefasst. Man wollte durch mässige Opfer die raschere Einbürgerung von Erwerbszweigen erkaufen, in denen Kapital wie Menschen unzweifelhaft eine verhältnissmässig höhere Verwerthung ihrer kombinirten Kraft erzielen, als im

Ackerbau. Die günstige Rückwirkung dieses, zu stärkerer Konsumtion befähigten Theils der Bevölkerung auf die Landwirthschaft, sollte der Ersatz für diese Opfer sein, eine Voraussetzung, die unzweifelhaft auch zugetroffen ist und nur im Freihändler den Zweifel zurücklässt, ob nicht auch ohne jene Opfer das gleiche Ziel erreicht worden wäre. Agrarische Schutzzölle bilden also den reinen Gegensatz zu dieser ursprünglichen Tendenz des industriellen Schutzzolls; sie würden Kapital und Kräfte in minder gewinnbringende Kanäle zurückleiten.

Der Gegensatz tritt aber noch weiter hervor. Kein Schutzzollverfechter hat jemals gewagt, dieses System anders zu vertheidigen, als indem er das Vorübergehende, bloss temporäre, der im Schutzzoll gelegenen Opfer und Vertheuerungen zur Voraussetzung nahm. List und Carey sprechen dies auf's entschiedenste aus. Verstärkte innere Konkurrenz soll die anfängliche Vertheuerung mit der Zeit ausgleichen, — das ist der erste Satz im Schutzzollkatechismus; an ein System dauernder Ausgleichung der Differenzen in den Produktionskosten dachte Niemand. Wir können jenen Satz selbstverständlich in solcher Allgemeinheit nicht anerkennen, da die Möglichkeit, durch verstärkte innere Konkurrenz auf das Niveau der niedrigsten ausländischen Preise zu gelangen, das Vorhandensein gleich günstiger natürlicher Produktionsbedingungen, den zum billigsten Betrieb erforderlichen Geschäftsumfang, sowie spezielle Kenntnisse und sonstige subjektive Bedingungen zur Voraussetzung hat. Soweit und so lange diese Voraussetzungen nicht zutreffen, bleiben auch die Preise im Inland höher. Immerhin hiesse es aber in Parteiverblendung die Augen verschliessen, wenn man läugnen wollte, wie die industriellen Schutzzölle mit ihrer längeren Dauer immer geringere Opfer erfordern, wie die anfänglichen Vertheuerungen um die volle Zollhöhe sich allmählig vermindern, in vielen Fällen ganz verschwinden, so dass thatsächlich in Deutschland viele Zweige der inländischen Industrie durch die innere Konkurrenz vollständig auf das Preisniveau des Auslands gebracht worden sind. Unsere auf Grundlage des bisherigen Zollsystems, insbesondere seit 1865 gestiegene Konkurrenzfähigkeit im Ausland beweist dies auf's vollständigste. Die Opfer, welche die industriellen Schutzzölle erfordern, gehören bei uns zum grössten Betrag der Vergangenheit an; mit den 1879 eingeführten maasslosen Erhöhungen beginnt natürlich wieder eine neue Periode der Opfer.

Betrachtet man aber die agrarischen, insbesondere die Getreide- und Holzzölle, so erkennt man sofort den dauernden Charakter dieser Belastungen. Dem Industrieschutzzoll kann wenigstens eine verstärkte innere Konkurrenz folgen, welche die anfängliche Vertheuerung theilweise, in einzelnen Fällen vielleicht ganz aufhebt. Bei den agrarischen Zöllen ist dies absolut unmöglich. Dass unsere Getreide- oder Holzzölle eine Steigerung des inländischen Produktionsumfanges und damit eine ihre Preise herabdrückende verstärkte innere Konkurrenz zur Folge haben könnten, ist bei der Natur des auf die kulturfähigen Flächen beschränkten und von den Schwankungen der Ernten abhängigen landwirthschaftlichen Gewerbes geradezu undenkbar. Wollte man dieses Resultat erzielen, so hätte man in der That die eingeführten Zölle bis zu ganz anderer Höhe steigern müssen. Eine durch unsere agrarischen Zölle verstärkte innere Konkurrenz kann also niemals beim Ackerbau eintreten, folglich auch niemals zu niedrigeren Preisen führen. Im Gegentheil, die Produktionskosten müssen steigen, da ein grosser Theil der landwirthschaftlichen Bevölkerung selbst durch die Getreidezölle und die erhöhten Schutzzölle höher als früher belastet wird, auch die vielen erhöhten Industrie-Schutzzölle sicherlich mehr Arbeiter von der Landwirthschaft in die Fabriken ziehen werden, als die agrarischen Zölle in umgekehrter Richtung. Und sind nicht, mit dem gestiegenen Werth der Güter, die Produktionskosten durch stärkere Zinsbelastung ebenfalls gestiegen, und werden sie nicht noch ferner steigen, durch Maassregeln, die den Preis der Güter zu steigern bestimmt sind, also auch durch agrarische Zölle?

Alle Schriftsteller, Roscher und Rau so gut wie List und Carey, sind über diesen wichtigen Unterschied der agrarischen und Industriezölle einig. Roscher's Erörterungen über diesen Gegenstand, insbesondere die durch agrarische Zölle herbeigeführte Steigerung des Schutzbedürfnisses, sind besonders schlagend. Die Schutzbedürftigkeit einer Industrie kann sich unter der Herrschaft der Schutzzölle vermindern, die der Landwirthschaft niemals; die Belastungen der Konsumtion durch agrarische Zölle sind dauernde. Bei den Holzzöllen treten diese Anstände sogar noch schärfer hervor, als bei den Getreidezöllen; sie können gar keine andere Tendenz haben, als eine Werthsteigerung des Waldbesitzes.

Aber für die Landwirthschaft selbst würde sich, bei gleichbleibender Belastung der Konsumtion, der fühlbare Erfolg für Besserung ihrer Lage zum grossen Theil wieder verlieren. Dies ergiebt sich, wenn man die Preisbildung des Grundbesitzes mit der des Fabrikbesitzes vergleicht. In den Manufakturen, die beliebig vermehrt werden können, wird Niemand (es sei denn in Ausnahmezeiten übertriebener Spekulation) mehr für eine Anlage zahlen, als sie kostet, da er sich jederzeit selbst eine neue Fabrik bauen kann; im Gegentheil zeigt die tägliche Erfahrung, wie Fabriken, ihre Rentabilität sei noch so hoch, stets im Werth sinken, nicht steigen. Nur die durch Aktien mobilisirten Werthe industrieller Anlagen regeln sich mehr nach dem Ertrag, als den Anlagekosten. Beim Landbau, der wohl intensiv, aber nicht extensiv gesteigert werden kann, spielen dagegen die Anlagekosten, die thatsächlich auf die erste Erwerbung und die Kultivirung verwandt worden sind, gar keine Rolle, sondern der Preis des Grundbesitzes bildet sich aus dem kapitalisirten Ertrag. Man bezahlt also die Fruchtbarkeit, die Lage u. s. w., und mit der steigenden Nachfrage nach den Produkten des Bodens (dessen Umfang begränzt ist, also der Nachfrage nicht folgen kann), auch mit der unsinnig gestiegenen Liebhaberei für Grundbesitz, musste der Bodenwerth nothwendig — von kurzen Perioden des Rückschlags abgesehen — im Steigen bleiben. Wenn man deshalb den jetzigen Ertrag, mit den Güterpreisen vor 25 Jahren, die vielleicht nur halb so hoch waren, vergleicht, so kommt eine viel höhere Rente heraus. Doch was hilft diese Rechnung den Grundbesitzern oder Pächtern, die ihre Güter zu Preisen, die dem jetzigen Ertrag entsprechen, also doppelt höher bezahlt, oder in Erbschaft übernommen oder gepachtet haben? In gleicher Weise, wie die Wirkungen der stattgehabten allgemeinen Preissteigerung der Güter, das seit einigen Jahren hervorgetretene Missverhältniss zwischen Güterpreis und Ertrag nicht beseitigt, sondern gesteigert haben, würde auch der Einfluss der agrarischen Zölle binnen bestimmter Frist durch den um die kapitalisirte Preiserhöhung der Produkte erhöhten Preis des Grundbesitzes, zum grossen Theil wenigstens, absorbirt sein. Die einmalige Preissteigerung der Güter in den Händen der gegenwärtigen Besitzer, zu dauernden Lasten der Konsumenten, nicht zu dauernder Besserung des landwirthschaftlichen Gewerbes, das ist der ökonomisch-sociale Erfolg agrarischer Zölle. Auch hierin also liegt ein spezifischer Unterschied der agrarischen und Industrieschutzzölle und eine erhöhte Bedenklichkeit der Ersteren vor.

Eine noch grössere Abweichung vom Wesen und der Wirkung der Industrieschutzzölle, die ihre Bedenken in das Gebiet der Landwirthschaft selbst fortpflanzt, ergiebt sich aber aus einer Betrachtung des verschiedenen Antheils der geschützten Gewerbe an dem Konsum ihrer eigenen Erzeugnisse. Im ganzen Fabrikwesen, in den Manufakturen, im Handwerk u. s. w. spielt der eigene Verbrauch an den Gewerbserzeugnissen eine ganz untergeordnete Rolle. Wieviel Eisen braucht der Eisenarbeiter selbst, wieviel Tuch der Tuchfabrikant? Allerdings nimmt dies Verhältniss unter Umständen mit dem kleineren Erwerbsumfang zu; ein Schuster z. B. arbeitet vielleicht einen relativ grösseren Theil seiner Gesammtproduktion für sich und seine Familienglieder, als ein grosser Tuchfabrikant. Immerhin spielt aber der eigene Verbrauch in den gewerblichen Zweigen keine ausschlaggebende, die Schutzzollwirkung für den verschiedenen Gewerbsumfang wesentlich verschieden gestaltende Rolle. Wenn in der Industrie die Grossen verhältnissmässig mehr Nutzen vom Schutzzoll haben wie die Kleinen, insbesondere wie die Handwerker, so liegt dies nicht an dem geringeren Prozentsatz ihres eigenen Verbrauchs an eigenen Erzeugnissen, sondern hauptsächlich an dem Umstand, dass die Gegenstände des Grossverkehrs, der Massenproduktion (z. B. Roheisen, Schienen, Garne u. s. w.) weit direkter der ausländischen Konkurrenz unterliegen, also auch durch Schutzzölle entsprechend mehr begünstigt werden, als die Artikel der Kleinindustrie und überhaupt die unmittelbar in die Konsumtion übergehende fertige Waare. Auf die Preise der inländischen

Roheisenproduktion wirkt z. B. der Schutzzoll unstreitig in weit stärkerem Maasse vertheuernd ein, als auf die Preise einer speciellen Eisenwaare, auf Garne stärker als auf ein fertiges Kleid.

Welche ganz andere Rolle spielt dagegen der Antheil des eigenen Verbrauchs in der Agrikultur! Bei dem verhältnissmässig stärkeren Verbrauch der ländlichen Bevölkerung an landwirthschaftlichen, als Industrieerzeugnissen, kann man annehmen, dass 40 bis 50 pCt. der eigenen Produktion Deutschlands von der ländlichen Bevölkerung selbst verbraucht werden. Selbst beim grossen Gutsbesitzer kommt der eigene Verbrauch an landwirthschaftlichen Erzeugnissen stark in Frage, wieviel mehr bei dem kleinen Besitzer, dem Bauer und der zahlreichen Klasse derer, welche den Landbau als Nebengewerbe betreiben! Es läuft diese Scheidung parallel mit derjenigen des verschiedenen Antheils, den die Landbesitzer persönlich und mit ihren Angehörigen an der Bebauung des Bodens nehmen; beim Grossen ist das Land ein werbendes Kapital, beim Kleinen ein Arbeitsinstrument. Nun liegt es auf der Hand, wie verschieden sich, bei dieser enormen Verschiedenheit der Abstufungen im Selbstverbrauchs- und Selbstbearbeitungs-Verhältniss, die Wirkung der Schutzzölle gestalten muss. Welches Interesse hat ein Schutzzoll für denjenigen, der seine ganze Produktion selbst verbraucht, oder die Landwirthschaft als Nebengewerbe betreibt? Unstreitig gar keins; ob die Preise auf dem Markt hoch oder niedrig stehen, ist für ihn absolut gleichgültig. Die Preise der landwirthschaftlichen Produkte haben nur für den ein Interesse, und sie können auch nur für denjenigen den Werth seines Grundbesitzes steigern, welcher über seine Bedürfnisse hinaus produzirt und Waare an den Markt bringt. Nun kommt aber weiterhin ins Spiel, dass der kleine Grundbesitzer, gleichzeitig mit den für ihn nutzlosen Getreidezöllen, mit einer grossen Zahl von Industrie-Schutzzöllen, mag ihr Einzelbetrag auch noch so unbedeutend für ihn sein, belastet worden ist. Es steht hiernach unumstösslich fest, dass der Tarif von 1879 die Lage sämmtlicher Grundbesitzer verschlechtert hat, die nicht, über ihren eigenen Verbrauch hinaus, mindestens soviel Ackerbau-Erzeugnisse zu Markt bringen, um durch den höheren Preis derselben einen Ersatz für die Vertheuerung ihrer sonstigen Lebensbedürfnisse durch die zahlreichen Industrie-Schutzzölle, für sich, ihre Angehörigen und Arbeiter zu erlangen. Die Statistik der ländlichen Besitzverhältnisse in ganz Deutschland ist leider noch nicht soweit gediehen, um hier bestimmte Zahlenverhältnisse aufstellen zu können. Nach Meitzen produzirt höchstens ein Viertheil sämmtlicher Grundbesitzer mehr als den eigenen Bedarf. In Preussen bewirthschaften 80 pCt. der Grundbesitzer weniger als 30 Morgen, und so verschieden die Ernteerträge in den verschiedenen Gegenden sein mögen, so fragt es sich doch sehr, ob ein Besitz von 30 Morgen wohl weit unter der Gränze liegen dürfte, wobei es einer Familie möglich wird, nach Abzug der eigenen Ernährung, noch soviel Ackerprodukte zu verkaufen, um mit deren Preiserhöhung durch die Getreidezölle, die Preiserhöhungen ihrer sonstigen Bedürfnisse durch die erhöhten Industrieschutzzölle auszugleichen.

Es folgt hieraus unumstösslich, wie nur eine verhältnissmässig kleine Zahl grösserer Grundbesitzer wesentlichen Nutzen aus den Getreidezöllen ziehen, wie diese ganze Belastung der Konsumenten, wie die denkbar gehässigste Zollmaassregel, nur zu Gunsten weniger Grundbesitzer wirken kann. Je nach deren Kulturrichtung, geographischen Lage u. s. w. ist natürlich auch für sie der Nutzen ein sehr verschiedener. Deutschland hat seit den sechziger Jahren einen überwiegenden Getreideimport; allein derselbe vertheilt sich nicht gleichmässig auf die verschiedenen Gebiete. Wenn auch die Getreidepreise auf dem Weltmarkt gemacht werden, so ist doch die Einwirkung des Schutzzolls auf die landwirthschaftlichen Verkaufspreise eines Distrikts, wie z. B. der Rheinprovinz, Sachsen's u. s. w., die den grössten Theil ihrer landwirthschaftlichen Bedürfnisse vom Ausland einführen, unbedingt intensiver, als z. B. in Ost-Preussen, welches weit mehr exportirt, wie importirt. — Ebenso kann bei sehr intensiver, mit landwirthschaftlichen Fabriken, Viehmastung u. s. w. verbundener Bewirthschaftung, der Schaden aus den Zollbelastungen des Viehs, der Futter- und Dungstoffe u. s. w., den Nutzen aus den Getreidezöllen weit überwiegen. Aus all diesen Umständen erklärt sich auch die noch immer so grosse Zahl intelligenter Gegner der Getreidezölle im eigenen Lager der Landwirthschaft. Fasst man nun auch ins Auge, wie die Verschiedenheiten im Vortheil aus dem Getreidezoll, je nach der geographischen Lage, wieder mit ähnlichen Verschiedenheiten in der Belastung durch die erhöhten industriellen Zölle zusammentreffen können, so leuchtet ein, wie bedenklich sich viele Gutsbesitzer verrechnet haben mögen, wenn sie, um den Preis der agrarischen, für die enormen Erhöhungen der Industriezölle stimmten; für die Provinz Preussen z. B. war die Exkursion ins Schutzzolllager ein reiner Narrenritt.

Es ist hiernach einfach ein Beweis von Unkenntniss und Oberflächlichkeit, oder ein demagogisches Kunststückchen, wenn dem kleinen Grundbesitzer vorgespiegelt wird, er könne und werde von dem neuen Tarif Nutzen haben. Wo ein so exakter Beweis der Unmöglichkeit geführt werden kann, da hat die Phrase keine Berechtigung mehr.

Weit entfernt eine mala fides vorauszusetzen, tritt eine gleiche Tendenz bei den Holzzöllen in ähnlicher Weise hervor. Keine im Reichstag eingebrachte Petition berechtigte zu einem peinlicheren Eindruck, als die mit den illustren Namen so vieler Herzöge, Fürsten, Grafen, Barone bedeckte Eingabe für Holzzölle. Dieselben sind ihnen auch gewährt worden; Brennholz dagegen, worauf sich das Interesse der kleinen Waldbesitzer hauptsächlich konzentrirt, blieb frei.

Die verstärkte Bedenklichkeit der agrarischen, im Vergleich zu den industriellen Schutzzöllen, stellt sich aber schliesslich noch schlagender heraus, wenn man den reinen Standpunkt der Konsumtion betritt. Die landwirthschaftlichen Produkte, insbesondere der Roggen, verschlingen einen solchen Theil des Einkommens der unteren Klassen, dass die benöthigten Industrie-Erzeugnisse dagegen vollständig verschwinden. Der Arme braucht vielleicht das fünf- bis sechsfache an Lebensmitteln, wie an Gewerbserzeugnissen; die fünffache Höhe von Industriezöllen schädigt ihn nicht so, wie der einfache Betrag der Zölle auf die unentbehrlichsten Lebensbedürfnisse. Selbst die Gegner konnten auch nicht umhin, bei der Frage von der Vertheuerung der ersten Lebensbedürfnisse, dem sonst verpönten Konsumentenstandpunkt die Ehre einiger rhetorischen Berücksichtigung zu schenken, freilich nur um den Beweis zu versuchen, das Korn werde nicht theuer, oder wenn auch, so werde sich die Vertheuerung doch nicht bis zum armen Manne fortwälzen, sondern in den Taschen der bösen Bäcker zurückbleiben, die zu den „Vogelfreien" der neuen Aera gehören. In Wirklichkeit bilden die Getreidezölle, vor allem aber der Mirbach'sche Roggenzoll von 1 M., eine sehr harte Belastung der Armen. Mag man die jährliche Getreidekonsumtion pro Kopf mit Delbrück auf 5 Ctr., oder mit dem Fürsten Bismarck auf nur $3^1/_2$ Ctr. veranschlagen, mag man die Vertheuerung auf die volle oder nur die halbe Zollhöhe schätzen, — immerhin kommen so bedeutende Beträge heraus, dass sie für die bisher steuerfreien Millionen von armen Leuten eine neue erhebliche Steuerbelastung einführen, und die steuernden unteren Klassen so bedeutend stärker belasten, dass selbst ein vollständiger Erlass der direkten Steuern, geschweige denn die jetzt im Werk befindliche geringfügige Reduktion, die Mehrbelastung noch nicht ausgleichen könnte.

Und wie ungleich sich der Nutzen der Getreidezölle auf die Gutsbesitzer, so ungleich vertheilt sich auch der Nachtheil derselben auf die Konsumenten in den verschiedenen Gebieten und Arbeitszweigen. Am schlimmsten aber werden die, ohnedies durch die Schutzsysteme von beiden Seiten bedrängten Grenzdistrikte, durch die Getreide-, Vieh- und Holzzölle getroffen, — Gegenden, die nicht durch Zufall fast durchweg zu den ärmsten Distrikten des Vaterlands gehören.

Und wie bei schlechten Ernten, bei Theuerungen! Es ist klar, dass bei stattfindendem Ueberwiegen der Nachfrage, der Produzent am ersten im Stande ist, den vollen Betrag des Zolls auf seine Produkte zu schlagen. Also je geringer das Angebot, je grösser die Getreidetheuerung, je sicherer die Erhöhung um den vollen Zollbetrag.

Betrachtet man aber schliesslich die agrarischen Zölle vom finanziellen Standpunkt, so hat in der That Delbrück Recht, wenn er sie als das Ideal von Steuern bezeichnet, wie sie nicht sein sollten. Er berechnet die Zolleinnahmen, bei 50 Pf. Getreidezoll, auf $13^1/_2$, die mögliche Vertheuerung für die Konsumenten bis auf 205 Millionen. Wie bedeutend sind überdies die Beträge, welche an Mehraufwand für Heer, Flotte, fiskalische Arbeiten u. s. w. von den Zolleinnahmen abgesetzt werden müssen! Und wie geringfügig ist die dann noch verbleibende reine Einnahme, im Verhältniss zu der Gesammtvertheuerung der inländischen Produktion! Die wirthschaftlich und social so bedenkliche Maassregel kann somit, vom Standpunkt der Reichsfinanzen aus, keinerlei Befürwortung oder Entschuldigung finden.

Die Social-Demokraten sind, zur Strafe für ihre Ausschreitungen, zum Schweigen verurtheilt; von einem planmässigen, böswilligen Aufstacheln der unteren Klassen ist gegenwärtig nirgendwo die Rede. Allein wer die Ausdrücke der Erbitterung im Munde selbst der ruhigsten, von jeder Agitation entfernten Leute, insbesondere auch der Hausfrauen hört, mit welchen die nach und nach sich fühlbar machenden Vertheuerungen durch den neuen Tarif, und seien sie, jede einzeln, im Betrag noch so unbedeutend, aufgenommen werden, dem muss für den inneren Frieden des Vaterlands bange werden, wenn erst die Wirkungen der agrarischen Zölle hervortreten. Verdächtigung und Uebertreibung werden natürlich auch nicht ausbleiben; jede durch die schlechten Ernten verursachte Steigerung der Getreidepreise wird man dem Tarif in die Schuhe schieben. Fürst Bismarck selbst warnte in den Sitzungen vom 8. und 21. Mai 1879, aus socialpolitischen Gründen, vor einer Steigerung der Getreidezölle, insbesondere des Roggenzolls; der Reichstag genehmigte jedoch frischweg den Mirbach'schen Roggenzoll, den er in zweiter Lesung noch verworfen hatte.

Es war in unseren Augen ein verhängnissvoller politischer Fehler, der polizeilichen Unterdrückung der Socialdemokratie Maassregeln, wie die Getreidezölle, folgen zu lasssen, einmal weil dieselbe gerechten Anlass und noch mehr plausibelen Vorwand zur Erbitterung in die unteren, namentlich die arbeitenden Volksklassen hineintragen müssen, und zum andern, weil die agrarische Auffassung des Schutzzolls, wie wir sie oben schilderten, eine bedenkliche Aehnlichkeit mit gewissen, von der ganzen Gesellschaft bekämpften Forderungen der Socialdemokratie hat. Der Schutzzoll, als Ausgleichung in- und ausländischer Produktionskosten, als Uebertragung des Risikos an Vermögen oder Gewinn vom Einzelnen auf die Gesammtheit, erinnert sehr stark an das socialdemokratische „Recht auf Arbeit". Wenn der Staat den Grundsatz aufgiebt, dass jeder Einzelne das Risiko für die Verwendung seiner Kräfte und Kapitalien ausschliesslich und im vollsten Umfang selbst zu tragen hat, so öffnet er den gefährlichsten Konsequenzen Thür und Thor und weckt Ansprüche, die er doch nicht erfüllen kann. Denn der Staat giebt ja Niemandem aus sich selbst etwas; er schiebt nur durch seine Einmischungen die Vortheile oder Nachtheile hierhin, dorthin. Specielle Nothlagen können dies in einzelnen Fällen vorübergehend entschuldigen; aber zu einem positiven Faktor der wirthschaftlichen Gesetzgebung taugen diese gefährlichen Grundsätze nicht. Noch lieber Recht auf Arbeit, als Recht auf Gewinn oder Vermögensstand. Stieg der Grundbesitz seit 25 Jahren aufs Doppelte, so mögen auch einmal schlechte Konjunkturen und stärkere Konkurrenzen dies Steigen zurückschrauben; der Staat kann dies bedauern, aber nicht ändern.

Fragt es sich nun zuletzt, ob wir denn der bedrängten Landwirthschaft nichts zu bieten haben, als die Negation der agrarischen Zölle, so erkennen wir an, wie die wirthschaftliche Entwickelung der Neuzeit, mit ihren vielfachen Verschiebungen der Konkurrenzverhältnisse, eine früher gerechtfertigte Steuerbelastung des Grund und Bodens heute nicht mehr als gerecht erscheinen lassen mag, wenn dieselbe auch in Wirklichkeit, insbesondere im Verhältniss zum Ausland, nicht so übertrieben ist, als sie im Reichstag dargestellt wurde. Aber auf welchem gefährlichen Umweg sucht man mit Zöllen zu erreichen, was auf dem direkten Wege der Grundsteuerermässigung so einfach und gerecht erreicht werden kann? Man lässt den Grundbesitzern ihre Steuern und giebt ihnen dafür ein in seinen materiellen und socialen Folgen unübersehbares Recht der Besteuerung durch Schutzzölle. Mag man nicht allen vorstehenden Deduktionen beistimmen, — das aber kann Niemand läugnen, wie der agrarische Schutzzoll nur wenigen, und zwar im Wesentlichen den grossen Grundbesitzern zu gut kommen kann, während ein Steuererlass alle, bis zum Kleinsten herab, gleichmässig entlasten und dabei das Brod billiger, nicht theurer, machen würde. Und bieten etwa Branntwein - Konsumtionssteuern, die Biersteuer u. s. w. nicht Handhaben genug, um für eine weitgehende Entlastung des Grundbesitzes die Mittel zu beschaffen? Im Uebrigen hat der seitherige Verlauf der Dinge gezeigt, dass die niedrigen Getreidepreise der letzten Jahre keinen Schluss auf die Zukunft gestatteten. Das selbstthätige Walten der wirthschaftlichen Kräfte hat bereits die Besserung eingeleitet und die noch vor einem halben Jahre als tödtlich geschilderte amerikanische Konkurrenz, gestattet schon heute wieder eine sehr bedeutende Steigerung der inländischen Getreidepreise. Muss nicht die steigende Zinsbelastung die Produktionskosten des amerikanischen Getreides ebenso steigern, als dies bei uns mit dem Steigen der Güterpreise stattfand? Und stellen sich die Durchschnittspreise des Getreides etwa stets so niedrig, wie der billigste Produzent liefern kann? Ein altes, über die ganze Welt verbreitetes Gewerbe wird so leicht nicht durch die hinzutretende Konkurrenz einiger neu aufgeschlossenen Gebietstheile Amerika's auf die Dauer ruinirt. Aber es war ja die Tendenz von 1879 auf Ausnahmefälle Systeme zu bauen.

Wir haben also in den agrarischen Zöllen die einschneidendste Verletzung der seitherigen Prinzipien unserer Zollgesetzgebung und den bedenklichsten Theil des ganzen Reformwerks von 1879 nachgewiesen. Auch deren Bezeichnung als „Finanzzölle," worin sich Viele gefielen, beruht auf Selbsttäuschung; wo es sich um Zölle, ob hohe oder niedrige, für Gegenstände handelt, worin In- und Ausland konkurriren, da ist jeder Finanzzoll zugleich Schutzzoll.

Wir stehen nicht mehr der wieder aufgelebten industriellen Schutzzollpartei, sondern einer weit bedenklicheren Koalition gegenüber. Mag die erste Belastung durch die vielen neuen Industriezölle im Gesammtbetrage bedeutender sein, als durch die agrarischen Zölle, so werden letztere doch auf die Dauer, vom wirthschaftlichen, wie socialen Standpunkt, viel unerträglicher. Agrarische und industrielle Schutzzölle sind keine Parallelen, sondern vielfach Gegensätze. Carey sieht den Schutz des Ackerbaues im Schutz der Industrie, die ihm Absatz in der Nähe verschaffet. Und List betrachtet nicht bloss die agrarischen Zölle als verderblich für die Landwirthschaft selbst, sondern bezeichnet es geradezu als ein „thörichtes Beginnen, die Agrikultur durch Schutzzölle heben zu wollen; dies könne nur durch die inländischen Manufakturen in ökonomischer Weise geschehen, welche aber durch die Ausschliessung fremder Agrikulturprodukte nur niedergehalten würden.“

Die agrarische Agitation hat eine schwere Verantwortung auf sich geladen. Wir können ihr nur rathen, der Apologie landwirthschaftlicher Schutzzölle noch die bereits eingeleitete Protektion der Doppelwährung und der ungedeckten Banknote, vielleicht auch der Surtaxe d'entrepôt u. s. w. hinzuzufügen, damit sie desto rascher unter dem Gewicht des eigenen Unsinns zusammenbricht. Die Einführung der agrarischen Zölle im Jahre 1879 (nicht etwa 1779) hat Preussen vom Fahnenträger des wirthschaftlichen Fortschritts, zum Schleppträger des Rückschritts degradirt, — eine Scharte, die wir auszuwetzen haben.

IV.

Trugschlüsse.

Wir haben gesehen, wie die Tarifreform von 1879, also die bedeutende Erhöhung der industriellen und die Einführung agrarischer Zölle, ihren historischen Ursprung auf das Dogma zurückführt, ein allgemeiner Nothstand sei durch Zollmaassregeln heilbar. Wie es im Wesen des Dogmas liegt, musste dies einfach geglaubt werden, da weder Theorie noch Erfahrung einen logischen Beweis zuliessen. Die drastischen Schilderungen der äusserst gedrückten Lage der einzelnen Gewerbe, die Erörterung der Differenzen zwischen den in- und ausländischen Produktionsverhältnissen und die Statistik der Einfuhren vom Ausland bildeten daher das Gros des Beweismaterials für die Schutzzölle, und da die neue Produzentenschule, mit der vorgespiegelten Identität der Produktions- und Konsumtionsinteressen, ihre Untersuchungen mit der Einwirkung eines Zolles auf den geschützten Erwerbszweig abschliesst, also die Gegenwirkung auf die Konsumtion ausser Betracht lässt, so war der Sprung von der Noth zum Schutzzoll leicht gethan. Von jenem Gebiet, auf dem sie zu Hause waren, auf dem der Fachmann National-Oekonom ist, liessen sich denn auch die Gegner nicht leicht auf das Gebiet wissenschaftlicher Erörterung verlocken. Soweit aber die parlamentarische Debatte dies unumgänglich nothwendig machte, ward natürlich das bekannte Rüstzeug des Merkantilismus, neu aufgeputzt, in den Kampf geführt. Die Neuheit der Situation, ein industriell-agrarisches Schutzsystem vertheidigen zu müssen, das sich noch keiner autoritativen Vertretung in der Wissenschaft erfreut und heute von allen Kulturstaaten, schutzzöllnerischen wie freihändlerischen, verläugnet wird, drängte aber dabei in höchst charakteristischer Weise auf die vorzugsweise Benutzung solcher Sätze und Schlagwörter, welche das Bedürfniss zurückspiegelten, die durch die agrarischen Zölle bedrohten Konsumtionsinteressen zu beruhigen. Und es kamen dabei in der That Behauptungen, namentlich aus der amerikanischen Phantastenschule, zur allgemeinen Anwendung, die früher selbst den exaltirten Vertretern des Schutzsystems als zu seltsam erschienen waren, um sich ihrer zu bedienen.

Wir wollen im Folgenden in gedrängter Kürze die wesentlichsten Trugschlüsse beleuchten, womit man das neue System zu stützen suchte. Charakteristisch war dabei die unendliche Naivetät im Verläugnen oder Zurückziehen eben gemachter Behauptungen oder Zugeständnisse, sobald der Gegner sich der einfachsten logischen Konsequenzen derselben zur Widerlegung bedienen wollte.

a) **Vertheuernder Einfluss der Zölle.**

Die Läugnung oder Unterschätzung der durch Schutzzölle hervorgerufenen Preissteigerungen bildete das Fussgestell der gegnerischen Beweisführung. Während nun aber bisher nur über die, durch Schutzzölle indirekt herbeigeführte Vertheuerung der inländischen Produktion ein Streit obwaltete, hat die neue Produzentenschule zum erstenmal ernstlich den Satz aufgestellt: auch die vom Ausland importirte Waare werde durch den Eingangszoll nicht, oder doch nur um einen Theilbetrag des Zolles, vertheuert, — mit einem Wort: der Ausländer bezahle den Zoll. Es ist in der That zu verwundern, weshalb man nicht eine analoge Entdeckung amerikanischer Schutzzoll-Phantasten mit hinzugezogen hat, die Behauptung nämlich, dass der Ausländer auch die Frachten trage. Jene paradoxe, die tagtägliche offenkundige Erfahrung ins Gesicht schlagende Doktrin, beweist wiederum aufs schlagendste die Richtigkeit der oben aufgestellten Behauptung, wie alle die neuen Lehrsätze der 1879er Schule auf die Erscheinungen von Ausnahmezuständen, von Krisen, basirt sind. Welche Anomalien und Abweichungen vom gewöhnlichen Gang des Handels kommen nicht in Krisen vor, wo die Konkurrenz auf Tod und Leben vorübergehend die Schranken sprengt, welche sonst, im normalen Erwerbsleben, die Selbstkosten für die Verkaufspreise aufrichten? Wer wollte läugnen, dass unsere Produzenten, so gut wie die ausländischen, in Nothlagen ihre Preise einmal vorübergehend um bestimmte Zollbeträge des Einfuhrgebietes, oder einen Theil derselben ermässigen, um absatzfähig zu bleiben? Das ist vorgekommen und wird stets in vereinzelten Fällen oder Lagen periodisch vorkommen, wie bei dem früheren niedrigen, so auch bei dem 1879er Tarif. Man braucht die Richtigkeit der dem Fürsten Bismarck von Kornhändlern gemachten Mittheilungen durchaus nicht anzuzweifeln; allein es sind dies Ausnahmefälle, welche die entgegenstehende Regel beweisen, nicht entkräften. Wenn aus einem einzelnen Vorgang ein volkswirthschaftliches Gesetz abgeleitet werden soll, so giebt es nur Eine Probe auf dessen Richtigkeit, nämlich seine normale Anwendbarkeit auf alle gleichartigen Fälle. Zahlt etwa der Westindier unsere Zölle auf Kaffee und Gewürze, der Engländer unsere Eisen- oder Twistzölle, der Amerikaner den Petroleumzoll? So lange sich Jemand nicht bis zu der offenkundigen Falschheit solcher Behauptungen versteigt, sündigt er gegen alles konsequente Denken, wenn er derartige nationalökonomische Regeln aufstellt. Hunderte von Ausnahmefällen, wie sie sich in der That in den Zeiten heftiger Krisen zusammendrängen und das Bild des normalen Verkehrslebens vorübergehend trüben, können zugestanden und doch daraus keine gültigen Anhaltepunkte für Aufstellung so paradoxer Behauptungen hergeleitet werden. Der Grossverkehr kennt überhaupt keine Preisabstufungen nach den Zollverhältnissen der Bestimmungsländer. Jene Paradoxe beruht auf einer grundfalschen Ansicht vom Wesen des Handelsverkehrs, als wenn nämlich der Ausländer, als Regel, seine Waaren ohne Bestellung, ohne Rücksicht auf die Absatzfähigkeit, auf den inländischen Markt würfe und hier à tout prix verkaufte. Auf dieser kindlichen Ansicht eines internationalen Aufdrängungssystems basirt auch die Mythe von den „Ueberschwemmungen“ mit ausländischer Waare, dieses Hauptschlagwort der officiellen „Motive“ zum Tarif. Bei der kaum nennenswerthen Ausdehnung, die bei uns das Konsignationsgeschäft hat, bilden derartige Fälle nur vereinzelte Ausnahmen, als Folgen ausländischer Krisen, ungewöhnlichen Ernteüberflusses u. dgl. Als Regel geht der Handel den umgekehrten Weg; der inländische Konsument sucht die ausländische Waare, bezahlt sie nach dem ausländischen Marktpreis und trägt Zoll und Fracht. Regel kann überhaupt immer nur, das ist der kategorische Imperativ der Volkswirthschaft, ein solcher Gang des Verkehrslebens sein, welcher die dauernde Fortsetzung einer Geschäftsverbindung auf Basis einer Vergütung der Produktionskosten und des normalen Geschäftsgewinnes zur Voraussetzung hat; auf kritische Erscheinungen kann man Paradoxen, aber keine Regeln der Volkswirthschaft aufbauen.

Das Auftauchen solcher seltsamen Behauptungen, wie „der Ausländer bezahlt den Zoll", beweist eben am besten, welcher Mangel an vollwichtigen, guten Gründen vorhanden sein musste, um die vorgeschlagenen Zollmaassregeln zu vertheidigen. Dies gilt namentlich von der Debatte über den Getreidezoll, wobei die Frage von der zu erwartenden Vertheuerung am stärksten ventilirt ward Die Behauptung, der Zoll werde nicht vertheuern, ist hier nur der Reflex der ungeheuren socialen Bedenklichkeit des Eintretens einer wirklichen Vertheuerung; man wollte diese Möglichkeit weder dem Volke noch sich selbst eingestehen und haschte daher nach Beruhigungs-Motiven. Es wird sich übrigens später zeigen, in welchem Widerspruch die Behauptung, dass der Ausländer den Zoll bezahle, mit der Grundanschauung der Tarifreform steht, dass Nothstände durch Zölle heilbar seien.

Es ist in der That auch eine Erscheinung des Nothstandes, dass eine Bekämpfung solcher Behauptungen heutzutage noch nothwendig wird. Anders liegt dagegen die wohl im Prinzip abgeschlossene, aber in der speziellen Einwirkung auf den einzelnen Fall niemals durch blosse wissenschaftliche Erörterung zu erledigende Frage von der indirekten Vertheuerung der inländischen Erzeugnisse durch die Eingangszölle. Wie die Vertreter der neuen Aera diese Frage bei Gelegenheit der Tarifreform im Allgemeinen behandelten, lässt sich schon aus dem Vorhergegangenen schliessen. Denn wer selbst die Vertheuerung der wirklich vom Ausland eingeführten Waaren durch den in die Zollkasse geflossenen Betrag läugnet, wird selten oder nie geneigt sein, eine indirekte Vertheuerung der inländischen Produktion zuzugeben. Und an der, in dieser Abläugnung der Vertheuerung gelegenen Inkonsequenz, den Schutzzoll gerade zur Ausgleichung der in- und ausländischen Produktionskosten verlangt, also eine Preissteigerung der inländischen Verkaufspreise direkt beabsichtigt zu haben, stiessen sich die neuen Nationalökonomen nicht. Man gab zu oder läugnete, je nach der Nothdurft des Augenblicks; man warf sich nieder, wie Falstaff bei Shrewsbury, und stand nachher frisch und gesund wieder auf.

Wir betreten hiermit ein Gebiet, wo die wissenschaftliche Erörterung wohl im Prinzip, aber nicht im einzelnen Fall das Richtige treffen kann. Hier ist also ein grosses, legitimes Feld für eine Polemik, die ihre Faktoren aus der Wissenschaft, ihre Koefficienten aus der verschiedenartigen Gestaltung des wirthschaftlichen Lebens abzuleiten hat. Denn keine theoretische Formel lässt mit irgend einer Sicherheit von der Höhe eines Zollsatzes auf den Grad der thatsächlich eintretenden Vertheuerung der inländischen Produktion schliessen. Es ist ein Irrthum und zugleich ein taktischer Fehler, dessen ein grosser Theil der freihändlerischen Presse sich schuldig macht, hier die starre Formel von der vollen Vertheuerung der inländischen Waare um den Zollbetrag, aufrecht erhalten zu wollen, wo doch die tagtägliche Erfahrung deren Unanwendbarkeit auf den einzelnen Fall unwiderleglich darthut. Und in einer Erfahrungswissenschaft kann niemals ein Grundsatz theoretisch richtig sein, welchem sich die überwiegende Mehrheit der Erscheinungen im normalen Verkehrsleben absolut nicht unterordnet. Bei Aufstellung jenes Satzes von der „Vertheuerung um den Zollbetrag“ ist Ein Faktor der Preisbildung ausser Rechnung geblieben, der in einer wirthschaftlich richtigen Formel nicht vernachlässigt werden darf, nämlich der Einfluss der verstärkten inneren Konkurrenz. Eine Maassregel, wie der Schutzzoll, welcher die ausländische Konkurrenz zunächst direkt abschwächt, die innere dagegen in der Regel indirekt verstärkt, kann nicht richtig beurtheilt werden, wenn man nicht dieser Aenderung in den Konkurrenzverhältnissen und der dadurch bedingten Rückwirkung auf ein anfängliches Steigen und späteres Fallen der Preise, Rechnung trägt. Die Preise gestalten sich, auf der Basis der Produktionskosten, nach dem Verhältniss vom Angebot zur Nachfrage. Ein aufgelegter Zoll überträgt sich nun nicht unmittelbar auf die inländischen Waarenpreise, sondern nur durch das Medium einer Veränderung zwischen Nachfrage und Angebot, also eine Veränderung in den Konkurrenzverhältnissen. Ein Zoll, auf einen Gegenstand gelegt, welcher auch ohne Zoll nicht eingeführt wird, ist in der Regel ohne Wirkung auf den inländischen Preis, da die innere Konkurrenz denselben bereits vorher unter das Niveau des ausländischen Preises gedrückt hatte. An diesem einen Beispiel sieht man schon, dass jene abstrakte Formel von der vollen Zollvertheuerung im Prinzip unrichtig sein muss. Dasselbe ergiebt sich, wenn man den Einfluss auf den Preis eines Gegenstandes untersucht, der ganz prohibirt ist; die Formel ist dann unanwendbar. Trifft dagegen eine Zollauflegung oder Erhöhung einen Gegenstand, der bisher in grösserem oder geringerem Umfang vom Ausland eingeführt ward, so wirkt die entsprechend verstärkte innere Nachfrage zunächst auf eine Preiserhöhung der inländischen Waare, welche allerdings im äussersten Fall bis zum Niveau des ausländischen Preises, zuzüglich des vollen Eingangszolls und der Verzollungsspesen, steigen, möglicherweise aber auch durch die, der verstärkten Nachfrage rasch folgende inländische Produktionsausdehnung, ganz auf dem alten Niveau stehen bleiben, oder doch sehr bald auf dasselbe zurückkehren kann. Die Wirklichkeit hält sich fast immer zwischen beiden Extremen. Eine Vertheuerung, und zwar eine wesentliche, durch Schutzzollmaassregeln ist im Grossen und Ganzen unausbleiblich und unläugbar, da die innere Konkurrenz sich nur in seltenen Fällen bis zu der Intensität steigern wird, welche früher durch das Zusammenwirken der inländischen und ausländischen Konkurrenz stattfand, auch die intellektuellen wie materiellen Produktionsbedingungen häufig ganz unmöglich machen, dass selbst die stärkste inländische Konkurrenz die preiserniedrigende Einwirkung der ausländischen Konkurrenz vollständig ersetzen kann. Aber man darf deshalb noch nicht die oberste Gränze einer möglichen Vertheuerung, als die normale Regel hinstellen. Jener abstrakte Satz von der vollen Zollvertheuerung ist dahin zu modifiziren, dass eine Preissteigerung der inländischen Waaren, innerhalb des Betrags des aufgelegten Zolles, nach Maassgabe des durch diese Maassregel mehr oder weniger veränderten Konkurrenzverhältnisses eintritt und eintreten muss. Und will man eine allgemeine Formel aufstellen, um dem arithmetischen Verhältniss zwischen Zoll und Vertheuerung für grosse Durchschnittsberechnungen näher zu kommen, als durch jene unbrauchbare und auch theoretisch unrichtige Formel von der vollen Zollvertheuerung, so dürfte, da die Extreme sich zwischen der vollen Vertheuerung, zuzüglich Zollspesen, und der gänzlichen Einflusslosigkeit auf den inländischen Preis bewegen, der Satz vielleicht noch am Ersten gerechtfertigt sein, dass durch Schutzzölle die inländische Produktion durchschnittlich um die Hälfte der Zollsätze vertheuert wird. Für den einzelnen Fall ist aber, wie schon erwähnt, diese, sowie jede andere Formel werthlos; hier ist in der That die Empirie, nicht die Theorie entscheidend.

Stimmt diese Formel auch nicht mit den Ansichten radikaler Freihändler, so ist sie doch, wie bereits angedeutet, nach der andern Seite noch viel weiter entfernt von dem, was die Vertreter der neuen Aera zugestehen. Denn man bedenke, welche kolossalen, nur nach Hunderten von Millionen im Jahr zu berechnenden Beträge, die allgemeine Vertheuerung der inländischen Produktion ausmacht, wenn man dieselbe auch nur zur halben Höhe der Zollerhöhungen und Neuauflegungen von 1879 annimmt. Im Uebrigen folgt aber schon aus vorstehender Erörterung, wie wenig man die vertheuernde Einwirkung der verschiedenen Zölle unter gleichem Gesichtspunkt betrachten kann, und wie wenig es abstrakte Formeln für Beurtheilung der grösseren oder geringeren Zulässigkeit oder Unzulässigkeit der einzelnen Zollsätze giebt.

Die verschiedenartige Einwirkung auf die Preissteigerung der inländischen Produkte, ist aber nicht bloss von den eigenthümlichen Produktions- und Konsumtionsverhältnissen jedes einzelnen Zweiges, sondern auch von örtlichen und zeitlichen Verhältnissen und Konjunkturen abhängig, also fortwährend wechselnd. Zunächst fragt sich, in welchem Verhältniss die Einfuhr zum Umfang der inländischen Produktion steht; je geringer der letztere, je grösser die Vertheuerung. — Dann spricht wesentlich mit, welcher Betrag der Einfuhr durch die Zölle zurückgedrängt, in welchem Grade also die Nachfrage nach inländischen Produkten gesteigert, oder ob die Einfuhr, weil nothwendig, auf früherer Höhe bleiben wird. — Dann kommt in Frage der verschiedene Einfluss der Vertheuerung an sich, auf Einschränkung der Konsumtion; je nach deren Natur (ob z. B. bei Gegenständen des nothwendigen oder freiwilligen Verbrauchs) ist der Einfluss mitunter gleich Null, mitunter sehr erheblich, und diese Veränderungen in der Nachfrage wirken dann wieder auf den Preis. — Es fragt sich weiter, ob und wie schnell und mit welchem Kapitalaufwand der durch die Zölle gesteigerten Nachfrage nach inländischen Produkten durch Ausdehnung des Produktionsumfangs genügt werden kann oder nicht; hierdurch wird sowohl der Betrag der Vertheuerungen, als die längere oder kürzere Dauer von Vertheuerungsperioden wesentlich bedingt. Wenn z. B., wie beim Getreide, Holz u. s. w. bestimmt zu erwarten, der Zoll zu gar keiner Ausdehnung, also gar keiner verstärkten Konkurrenz der inländischen Produktion führt, so bleibt die Vertheuerung eine dauernde; bei manchem Industrieartikel mag dagegen die steigende inländische Konkurrenz bald die anfänglich bei der Zollauflegung eingetretene Vertheuerung mehr oder weniger ausgleichen. — Ferner fragt sich, welcher Natur die verschiedenen Importationsartikel sind, ob Rohstoffe, Halbfabrikate und Gegenstände des Bedürfnisses, oder ob Ganzfabrikate und Gegenstände des Luxus und der Mode; bei ersteren Artikeln des Massenbedarfs tritt unbedingt eine verhältnissmässig stärkere Preissteigerung auf, als bei Letzteren, wobei die Konkurrenz keine so unmittelbare ist und sich auf tausend einzelne Artikel zersplittert. Ueberhaupt wirken die Schutzzölle weit intensiver auf den Grossverkehr, als auf den Kleinverkehr zwischen lokalen Produzenten und Konsumenten. — Es üben endlich die verschiedensten subjektiven Anschauungen und Vorurtheile für oder gegen bestimmte in- oder ausländische Waaren den entschiedensten Einfluss und lassen die Zölle bald gar keine, bald die grösste Einwirkung auf die inländischen Preise ausüben. Wie verschieden diese Preissteigerungen, so verschieden ist also auch das spezielle Interesse der geschützten Gewerbe an der Schutzzollfrage; hier kann ein hoher Satz vollständig oder doch zeitweise wirkungslos sein, dort ein geringer Satz mit seiner vollen Höhe dauernd zur Wirkung auf die Preise gelangen, — eine Betrachtung, die für sich allein schon die Bismarck'sche Idee, allgemeine und gleichmässige Vortheile aus den Schutzzöllen für alle Erwerbszweige erreichen zu wollen, zu Grabe trägt. Wollte man z. B. alle Waaren mit einem gleichmässigen Prozentsatz durch Zölle schützen, so würden die für die Einzelwaaren erreichten Vortheile so verschieden sein, als der Zolltarif Positionen hat, ganz abgesehen von dem fortwährend mit den Konjunkturen eintretenden zeitlichen Wechsel in der Höhe der Vortheile.

Und dann fasse man endlich die verschiedene Wirksamkeit der Zölle auf die Preissteigerungen ins Auge, je nach der geographischen Lage der einzelnen Theile des Zollgebiets und den dadurch bedingten erleichterten oder erschwerten Beziehungen zu den aus- und inländischen Märkten. Leiden z. B. nicht die Gränzdistrikte unter den Zöllen unendlich mehr, als die inneren Theile des Zollgebiets?

Neben diesen Verschiedenheiten des Einflusses auf die Steigerung der inländischen Preise, also auf die Interessen der Produzenten, kommt aber die Verschiedenheit in der Ertragungsfähigkeit der Konsumenten zur Sprache. Da handelt es sich zunächst vom gewerblichen Standpunkt aus, ob die Zölle Rohstoffe oder Halbfabrikate der Gross- oder Kleinindustrie treffen, ob Gegenstände des inneren Verbrauchs oder des Exports dadurch berührt werden. Sodann tritt vom socialen Standpunkt aus die Frage hervor, welche Klassen der Bevölkerung durch die Belastungen in letzter Instanz getroffen werden, ob es Gegenstände des freiwilligen oder des nothwendigen, des luxuriösen oder des dringenden Bedürfnisses sind, welche man durch die Zölle vertheuert. Hier kann vom Konsumtionsstandpunkt aus unbedenklich sein, was dort zur Existenzfrage ganzer Gewerbe, ganzer Bevölkerungsklassen wird.

Schliesslich aber treten zu den Einwirkungen, die der

Schutzzoll selbst auf die Konkurrenzverhältnisse der geschützten Gewerbe ausübt, noch die Einwirkungen der allgemeinen, vom Zoll unabhängigen Konkurrenzverhältnisse, also der Konjunktur hinzu, und erhöhen oder erniedrigen die Vertheuerungseinwirkung des Zolls, — ein Umstand, der uns später noch beschäftigen wird, wo es sich um die Möglichkeit handelt, einen Nothstand durch Zölle zu heilen.

Kurz, es treten von allen Seiten für die Beurtheilung des wirthschaftlichen und socialen Einflusses jeder einzelnen Zollfrage so viele Gesichtspunkte hervor, dass man mit patriotischer Trauer daran zurückdenkt, in welcher Weise der letzte Reichstag diese ungeheuere, in unzählige Verhältnisse der Produktion, der Konsumtion und des Handels so tief einschneidende Aufgabe, binnen weniger Wochen über's Knie gebrochen hat. Auch ergiebt sich hieraus, wie Viele nicht im Stande sein mögen, den Vortheil eines Gewerbes aus dem ihm speziell gewährten Schutzzoll, gegen die Nachtheile aus den vielen andern Schutzzöllen, die den Produzenten in seiner Eigenschaft als Konsument belasten, auch nur annähernd zu berechnen. Die neugebackenen Schutzzöllner, die Agrarier, dürften sich namentlich in dieser Richtung stark verrechnet haben, insbesondere, da der einzelne Besitzer nicht bloss durch die gesteigerten industriellen, sondern auch durch alle agrarischen Zölle belastet wird, einzig diejenigen Sätze ausgenommen, an denen der Einzelne seinen speziellen Nutzen hat. Es ist ein verhängnissvoller Irrthum, zu glauben, die Gesammtheit der agrarischen Zölle komme, wie der Landwirthschaft, so auch den einzelnen Landwirthen zu gut; sie haben im Gegentheil, ausser dem Nachtheil der Industriezölle, auch einen entsprechend grossen Theil der Lasten aus den agrarischen Zöllen zu tragen. Der Tarif hat 272 Zollsätze; an einem oder zweien davon mag durchschnittlich der einzelne Produzent, Industrieller oder Landwirth, Nutzen haben, während ihn die übrigen 270 mehr oder weniger belasten, wenn auch vielfach nur in verschwindend kleinen Beträgen. Wie sich aber auch die Vortheile und Nachtheile zwischen den Produzenten in den geschützten Zweigen ausgleichen mögen, — der Konsument, der nicht zugleich Produzent ist, trägt die Summe aller Belastungen ohne Entschädigung.

Wir können nun alle die Nachtheile der Schutzzollerhöhungen des 1879er Tarifs hier nicht vom Standpunkt der einzelnen Gewerbe erörtern, sondern wollen nur fortfahren, die wesentlichsten Trugschlüsse zu verfolgen, wodurch die Majorität sich über alle aus der Vertheuerung entspringenden Bedenken hinweggesetzt hat, — Erörterungen, welche noch vielfach auf die geschilderte ausserordentliche Verschiedenheit in der Schutzzoll-Einwirkung zurückführen werden.

b) Die Ueberwälzung der Zollvertheuerungen auf die Konsumenten.

Aus den vorhergegangenen Erörterungen ergiebt sich, wie die Kämpen der neuen Doktrin den Einfluss der Zölle auf die Vertheuerung der inländischen Produktion bald ganz abläugnen, bald nur in geringfügigem Maasse zugeben. Man berechnete in letzterem Falle bei jedem Zollsatz die einzelnen Pfennige auf den Kopf der Bevölkerung, ohne zu beachten, wie oft sich diese Pfennige bei der Unzahl der neuen Zollbelastungen wiederholen. „Der Konsument merkt es nicht" war die Parole, — ein Lehrsatz, der sich jeder ernsthaften wissenschaftlichen Widerlegung entzieht. Charakteristisch war dabei, wie die Abläugnung der Vertheuerungen insbesondere bei den Debatten über die Getreidezölle hervortrat, und zwar viel weiter gehend, als man dessen früher Seitens der industriellen Schutzzollpartei gewohnt war, — eine natürliche Folge der neuen Ausdehnung des Schutzsystems und der Besteurung überhaupt, auf die unentbehrlichsten Lebensbedürfnisse. Andererseits aber liess sich der Widerspruch nicht beseitigen, dass man die Zölle auf dem agrarischen Gebiet ja gerade deshalb forderte, um der gestiegenen Konkurrenz und den gesunkenen Preisen des Auslands gegenüber, höhere Preise im Inland erzielen zu können. Auch konnte die Ausflucht, es handle sich nicht, oder doch weniger, um Preisssteigerung, als um Vermehrung der Absatzmöglichkeit, unmöglich stichhaltig erscheinen, wo für die innere Produktion der Absatz an und für sich, bei der absoluten Nothwendigkeit bedeutender fremder Zufuhren, vollständig gesichert ist. Es mussten also, wohl oder übel,

Vertheuerungen, wenn auch in geringem Grade, zugegeben werden.

Um nun dies, wenn die Polemik einen ernsthaften Charakter behaupten wollte, nicht zu umgehende Zugeständniss seiner socialen Bedenklichkeit zu entkleiden und den „sogenannten“ armen Mann zu beruhigen, ward ein ferneres Axiom aufgestellt, welches die würdige Ergänzung zu obigem Satz: „der Konsument merkt es nicht“ bildete. Man stellte nämlich die Fortwälzung der Zollvertheuerungen auf den wirklichen Konsumenten in Abrede, ein Satz, dessen logische Konsequenz einfach dahin führt, den Einfluss normaler, gleichmässiger und dauernder Produktionsbedingungen auf den Durchschnittspreis der Produkte zu läugnen. Hier kommt nicht der Gegensatz freihändlerischer oder schutzzöllnerischer Anschauungen, sondern der einfache Menschenverstand in Frage, und es bestätigt sich wiederum die Wahrnehmung, wie einzelne abnorme, oder in ihren Ursachen nicht richtig aufgefasste Erscheinungen, zur Grundlage von neuen volkswirthschaftlichen Gesetzen gemacht worden sind.

Die Frage von der Ueberwälzung der Vertheuerungen ist im Prinzip ebenso zweifellos, wie die Frage von den Vertheuerungen durch die Zölle an und für sich. Ebenso klar ist aber, und zwar aus analogen Gründen, wie nicht jede einzelne Vertheuerung sofort und gleichmässig, oder in vollem Betrage, die Zwischenstufen bis zum letzten Konsumenten durchlaufen kann. Denn das macht ja eben die unmittelbare Beobachtung der wirthschaftlichen Erscheinungen, wenn man hieraus die Grundlage für Gesetze gewinnen will, so ausserordentlich schwierig, dass sich fast ausnahmelos Einwirkungen verschiedener Art geltend machen, welche zeitlich oder örtlich den Effekt einer speziellen Einzelwirkung steigern, modifiziren oder gar aufheben können. So kommt z. B. in erster Linie bei der Ueberwälzungsfrage derselbe modifizirende Einfluss des jeweiligen Konkurrenzverhältnisses, des Verhältnisses von Nachfrage zum Angebot, zur Sprache, wie oben bei dem Einfluss der Zölle auf die Preise der inländischen Produkte erörtert ward. Freiwillig legt der Konsument, durch die blosse Thatsache der Zollerhöhung, noch keine höheren Preise an. Ist z. B. in einem Gewerbe Ueberproduktion, also übermässige Konkurrenz, so wird es viel länger dauern, bis sich eine, durch den Zoll bewirkte Erhöhung der Materialpreise, auf die Produktenpreise, also auf den Konsumenten überwälzen lässt, als bei günstigem Markt, also beim Ueberwiegen der Nachfrage. Ja in letzterem Fall sehen wir häufig die Steigerung im Waarenpreise sogar über die stattgehabte Steigerung im Materialienpreise hinausgehen und somit die Fälle ausgleichen, wo übertriebenes Angebot die Ueberwälzung zeitig nicht gestattet hatte.

Wir beobachten dieselben Erscheinungen in entgegengesetzter Richtung, wenn es sich um Aufhebung von Steuern und Zöllen, also um Ueberwälzung von Vortheilen auf die Konsumenten handelt. Betrachten wir z. B. die Aufhebung der Schlacht- und Mahlsteuer, so wird es selbstverständlich keinem Bäcker oder Fleischer einfallen, die Brod- und Fleischpreise früher zu ermässigen, als bis ihn die Konkurrenz, sei es im Innern des Steuerbezirks, sei es von aussen her, dazu zwingt. Dies kann nun unter Umständen längere Zeit dauern; im Fleischergewerbe insbesondere, gegen welches vielfach eine idiosynkratische Abneigung herrscht, entwickelt sich nur schwierig eine wesentlich stärkere Konkurrenz. Aber es bedurfte kaum der kürzlich veröffentlichten Nachweise von den Einwirkungen der Aufhebung der Schlacht- und Mahlsteuer in Berlin, um jedem Kenner der wirthschaftlichen Gesetze die Ueberzeugung beizubringen, dass dauernde Ermässigungen sich ebenso wie dauernde Belastungen bis zum letzten Konsumenten fortwälzen.

In gleichem Grade wie ein verzögerter Gang der Ueberwälzung, kann es verwirrend auf den oberflächlichen Beobachter wirken, wenn er sieht, wie sich in den höheren Produktions- und Veredlungsstufen die Preisschwankungen der niedrigeren Stufen, also der Rohstoffe und Halbfabrikate, vielfach auszugleichen streben. Preissteigerungen oder Preisabschläge der Rohmaterialien z. B., die nur kurze Zeit andauern, bleiben häufig ohne sichtbaren Einfluss auf die Waarenpreise. Den gleichen Einfluss auf Verringerung der Fluktuationskurven üben die verschiedenen Stadien des Zwischenhandels aus. Die Detailpreise vieler Waaren schwanken weniger und seltener, wie die Preise im Grossverkehr; das Kapital der Zwischenhändler und die Rücksichten auf die Kundschaft wirken hier als Regulatoren. Im Uebrigen ist aber nichts unlogischer, als der Hinweis auf bedeutende Preisschwankungen einer Waare, um daraus zu deduziren, wie die Zollvertheuerungen sich nicht auf die Konsumenten überwälzen würden. Im Durchschnittsniveau dieser Schwankungen wird sich jener Vertheuerungseinfluss genau so wiederfinden, als ob es sich um Gegenstände gehandelt hätte, die wenig oder gar keinen Schwankungen unterworfen sind. Es ist charakteristisch für die unwissenschaftliche Methode der Produzentenschule, dass sie glauben kann, selbst die kleinste, wenn nur dauernde Einwirkung könne sich verlieren, wenn sie mit grossen temporären Schwankungen zusammentrifft.

Wenn sich also allgemeine Preissteigerungen auch nicht sofort und in jedem einzelnen Fall von dem, welchen sie unmittelbar betroffen, durch alle Stadien der Produktion, der Veredlung oder des Handels auf den letzten Konsumenten überwälzen, so ist die praktische wie theoretische Richtigkeit des Grundsatzes an und für sich gar nicht zu bezweifeln. Die Erfahrung hat denn auch, seit Eintritt der Zollerhöhungen des neuen Tarifs, jene im Parlament zum Ueberdruss gehörten Abläugnungen des Ueberwälzungsprinzips in allen Fällen bereits Lügen gestraft; durchschnittlich haben sich die bis jetzt eingetretenen Erhöhungen der Detailpreise, in Folge der erhöhten Zölle, eher höher als geringer wie der Zollbetrag herausgestellt. Eine Petroleum - Debatte z. B. in einer späteren Reichstagssession würde Niemanden finden, welcher die Deduktionen und Minimalberechnungen der letzten Session wiederholte.

Die bisherige Erörterung galt aber nur der Ueberwälzung gleichmässiger und dauernder Belastungen. Gegenstände z. B. wie Kaffee, Petroleum u. dgl., die bloss vom Ausland eingeführt werden, wälzen ihre Eingangszölle als Regel voll auf die letzten Konsumenten ab, ja in Wirklichkeit noch zu einem, um die Zinsen des für den Handel erforderlichen Mehrkapitals, sowie um die Spesen der Zollabfertigung erhöhten Betrag. Dies gilt also im Wesentlichen vom gesammten Gebiet der eigentlichen Finanzzölle. Ganz anders steht es aber bei ungleichartigen oder temporären Belastungen, wie sie z. B. bei der erörterten ausserordentlichen Verschiedenheit in der Vertheuerungs-Wirkung der Schutzzölle eintreten. Hier kann z. B. eine Fabrik, die ihrer Lage nach ihre Halbfabrikate mit dem vollen erhöhten Zoll aus dem Ausland fortbeziehen muss, gänzlich ausser Stande sein, eine entsprechende Preiserhöhung auf die Konsumenten abzuwälzen, wenn konkurrirende Fabriken in andern Theilen des Zollgebiets dieselben Halbfabrikate, in geringerem Maasse vertheuert, aus dem Inland zu beziehen im Stande sind. Aehnliche Verschiedenheiten der Produktionsbedingungen schafft aber jede Zollmaassregel zwischen den einzelnen Produktionsstätten des Inlands. Kurz, die zahllosen Verschiebungen der Erwerbsverhältnisse, welche jede Schutzzollmaassregel im Gefolge hat, ergiebt ebenso zahllose Verschiebungen in der Möglichkeit der Ueberwälzung so ungleichartiger Belastungen auf die letzten Konsumenten. Der Ueberwälzungsbetrag wird also hier in der Regel nur einen Durchschnitt der mehr oder minder verschiedenen direkten oder indirekten Zollvertheuerungen ausmachen, sich also sehr ungleichmässig vertheilen, unter Umständen jede Möglichkeit einer Ueberwälzung ausschliessen, also auf dem unmittelbar Betroffenen lasten bleiben.

Noch ungleichartiger gestaltet sich aber die Einwirkung der verschiedenartigen Zollvertheuerungen auf die Ueberwälzungs-Möglichkeit, je nachdem die vertheuerte Waare im In- oder Ausland verkauft werden soll oder muss. Die oben gedachte normale Ueberwälzung kann nur unter gleichen äusseren Bedingungen, im Wesentlichen also nur in dem eigenen Zollgebiet vor sich gehen. Bei den Milliarden von Ganz- und Halbfabrikaten, die wir ins Ausland schicken, ist in der Regel jede Möglichkeit der Ueberwälzung, also der unseren Zöllen entsprechenden Vertheuerung, umsomehr ausgeschlossen, als unsere Beschränkungen der Einfuhr vom Ausland die Konkurrenz des Auslandes auf dritten Märkten nur verstärkt, also die Preise dort herunterdrückt.

Da das Kapitel vor der Vertheuerung der inländischen Produktion und der Unmöglichkeit ihrer Abwälzung auf die Ausfuhr uns noch weiter unten beschäftigen wird, so verlassen wir es hier und resumiren nur, wie sich alle gleichmässigen und dauernden Belastungen im gleichen, mitunter erhöhten Betrag, bis auf den letzten Konsumenten fortwälzen, wie aber bei örtlicher oder zeitlicher Ungleichartigkeit der Belastung, oder bei den Ausfuhren ins Ausland, die Ueberwälzung theils ungleichartig, theils ganz unmöglich wird, die Vertheuerungen also theilweise oder ganz auf den unmittelbar davon Betroffenen lasten bleiben.

Die neue Produzenten-Schule lässt sich auf alle diese Subtilitäten nicht ein und läugnet frischweg die Ueberwälzung bis zum Konsumenten. Höhere Einnahmen für die eigenen Produkte, damit endet ihre Logik; dies allein ist Praxis, alle Fragen, wer die entsprechenden Mehrausgaben in letzter Instanz zu tragen hat, welche Contre-Wirkungen sie naturgemäss im Gefolge haben müssen, werden in den Bereich der grauen Theorie verwiesen. Für die ganze übrige Erscheinungswelt gilt die Lehre, dass Kraft und Stoff sich nicht erschöpfen, nicht vergehen, sondern in ewigem Wechsel nur Erscheinung oder Aeusserung ändern. Für die neue ökonomische Schule existiren dagegen geheimnissvolle Reservoirs, in welchen unbequeme Wirkungen verschwinden, ideale Füllhörner, die sich ewig ergiessen, ohne dass irgend Jemand sie füllt. Das Unbequeme, wenn es auch unabweisbare logische Konsequenz eigener Zugeständnisse ist, frischweg abläugnen, das ist der oberste taktische Grundsatz der neuen Schule.

Die Vertheuerungen durch den Schutzzoll werden also primo loco geläugnet; insoweit sie aber doch zugegeben werden müssen, wird die Ueberwälzung auf den eigentlichen Konsumenten geläugnet und damit insbesondere die ungeheure Schwierigkeit der Schutzzollfrage bezüglich der Belastung der Armen und ihrer schädlichen Einwirkung auf den Export einfach beseitigt. Aber Jemand muss denn doch da sein, welcher die zugestandenen und doch nicht bis zum Konsumenten gelangten Vertheuerungen trägt. Dafür hat die neue Schule nun allerdings eine Art Paria's in Reserve, die das Alles tragen können, sociale und wirthschaftliche Outlaws, die zu schädigen, deren Erwerb zu schmälern, wirthschaftlich unschädlich und moralisch unbedenklich sein soll. Dahin gehört der Handelsstand der Seehäfen, der Kaufmann, der Detailhändler, der Müller, Bäcker, Fleischer u. s. w., kurz, all die Prügelknaben der neuen Aera. Diese charakteristische Scheidung in Prügelknaben und Lieblingskinder ist dem neuen System inhärent; sie reflektirt den von ihm vertretenen Gegensatz der einseitigen Produzenten- und der allgemeinen Interessen. Aber lassen wir die Moralität und Gerechtigkeit dieser Aufhalsung der Lasten auf bestimmte Klassen auch bei Seite, so erscheint es doch unfasslich, wie Vertheuerungen wirthschaftlich unbedenklich werden sollen, wenn sie durch eine Zwischenstufe aufgefangen und wirklich nicht auf den letzten Konsumenten übergewälzt werden könnten; dies fasse wer mag. Aendert sich etwa der Betrag einer Belastung durch den Vertheilungsmodus? Ist es nicht vom abstrakten wirthschaftlichen Standpunkt aus gleichgültig, ob der Gesammtnutzen Eines Menschen durch den adäquaten Schaden von 10 oder von 1000 Andern ausgeglichen wird? Wird die vermehrte Konsumtionsfähigkeit jenes Einen nicht durch die verminderte Konsumtionsfähigkeit der Andern, gleichviel ob es ihrer 10 oder 1000 sind, vollständig aufgewogen? Ob also derselbe Schaden vom Müller allein getragen, oder auf 1000 Consumenten fortgewälzt wird, mindert die wirthschaftliche Bedenklichkeit einer Vertheuerungsmaassregel nicht.

Aber selbst wenn die neue Produzentenschule auch Ueberwälzungen bis auf den letzten Konsumenten zugesteht, so bleibt ihr noch ein arithmetisches Auskunftsmittel. Sie liebt das Summiren und die kleinen Zahlen nicht. Hat sie eine dem einzelnen Produzenten zu gut kommende Belastung auf eine grosse Zahl von Konsumenten übergewälzt, ist sie mit ihren Berechnungen gar auf einzelne Pfennige herunter gekommen, und schreit namentlich der Betroffene nicht, so ist jener Schaden verduftet. Ward oben, beim Läugnen der Fortwälzungen bis zum Konsumenten, das wirthschaftlich Bedenkliche einer Vertheuerung beseitigt, wenn statt der grossen Zahl der letzten Konsumenten eine kleinere Zahl von missliebigen Zwischenhändlern die Vertheuerung auffing, so soll jetzt entgegengesetzt der unbedeutende Betrag der vielen Einzelbelastungen jene Bedenklichkeit aufwiegen. Als ob es nicht vom abstrakt wirthschaftlichen Standpunkt aus gleichgültig für das Gesammtresultat wäre, ob zu dem Gewinn von 1000 Mark 10 Zwischenhändler je 100 Mark, oder 100,000 Konsumenten je 1 Pfennig beigetragen haben? Sind 100 Pfennige in der Nationalökonomie weniger als 1 Mark? Ein ewiges Winden und Drehen, um die Logik zu übertölpeln, um eine Wirkung als reines Plus erscheinen zu lassen, indem man das zersplitterte Gegengewicht wegeskamotirt, — das ist die Taktik der Produzentenschule.

Allein die neue Aera hat noch einen letzten grossen Trumpf auszuspielen. Sie giebt mit einmal Vertheuerungen, Ueberwälzungen, alles was man will, zu; aber sie sagt: „Vertheuerungen sind an und für sich gleichgültig, wenn der Konsument durch höhere eigene Einnahmen die höheren Preise für seine Bedürfnisse decken kann; hohe Preise sind sogar ein Kriterium guter Zeiten. Unser System schafft mehr Arbeit, vergrösserte Wertherzeugung, höheren Verdienst, gleicht also nicht bloss die damit verbundenen Mehrbelastungen aus, sondern vermehrt die nationale Arbeit und den National-Reichthum“ Ist dies wirklich richtig, so sind wir geschlagen. Und richtig ist jedenfalls der Vordersatz, dass billige Preise an und für sich kein Kriterium günstiger Zeiten sind, dass Vertheuerungen, steigende Preise, jede Periode der wirthschaftlichen Besserung zu begleiten pflegen.

Halten wir uns dabei einen Augenblick auf. Theuer und billig sind relative Begriffe. Für jedes Kultur- und Reichthumsniveau eines Volks giebt es unbestreitbar ideale Mittelpreise für Dinge und Leistungen, Preise wobei Ausgaben und Einnahmen sich am gleichmässigsten decken und wobei Gewinn- und Reichthumsfortschritt der Einzelnen sich am gleichmässigsten entwickeln. Mit dem steigenden Reichthum einer Nation pflegt sich dies durchschnittliche Preisniveau für die Gegenstände zu heben, in deren Darstellung der Arbeitslohn die Kapitalzinsen überwiegt; denn steigender Reichthum steigert ebenso nothwendig die Arbeitslöhne, als er die Zinsen der immer höher angesammelten Kapitalien herabdrückt. Um dieses mittlere Preisniveau, wo die Begriffe billig und theuer in einander aufgehen, bewegen sich nun im Laufe der Zeit die wirklichen Preise in auf- und absteigenden Kurven. Jede wesentliche Abweichung davon stört das Gleichgewicht und bringt kranke Zustände, die Abweichung mag nach oben oder nach unten gehen. Stellt sich also, wie z. B. nach den sogenannten glänzenden, in Wirklichheit Unglücks-Jahren 1871/73, bei den übertrieben hohen Preisen ein Fallen ein, so ist dies ganz naturgemäss und wirthschaftlich erfreulich. Führt das Sinken aber noch unter die Mittelpreise herab, so wird es zu einer krankhaften Erscheinung, da dieses fortgesetzte Fallen einen stattgehabten Rückgang in der gesammten Erwerbsthätigkeit, in der nationalen Gütererzeugung anzeigt. Auf dem tiefsten Punkt einer solchen, nach unten abweichenden Kurve stehen wir nun gegenwärtig, so dass also heute mit Recht gesagt werden kann, wie steigende Preise als ein Zeichen der Rückkehr zu gesunden Verhältnissen aufzufassen seien.

Allein welche verhängnissvolle Verwechslung ist es, fallende oder steigende Preise als Ursachen rückgängiger oder aufsteigender, schlechter oder günstiger wirthschaftlicher Zustände aufzufassen, wo sie doch nur Folgen derselben sind! Die Preissteigerungen bringen nicht die Besserungen der wirthschaftlichen Lage, sondern die Besserungen bringen die Preissteigerungen. Eine Umkehr dieses Satzes ist logisch unmöglich. Aus der Wiederbelebung des Vertrauens und Unternehmungsgeistes, der voranschreitenden Konsumtion und damit auflebenden Produktion, also aus vermehrter Arbeit und Kapitalbenutzung ergiebt sich die Preissteigerung als natürliche Folge. Aber durch Zollbelastungen die Preise künstlich steigern und von dieser Preissteigerung, die doch den Einen genau soviel belastet als dem andern nützt, den Fortschritt der wirthschaftlichen Thätigkeit als Folge erwarten zu wollen, das heisst doch die Logik auf den Kopf stellen. Wenn der Spinner zu dem Weber sagt: „ich liefere Dir, in Folge des neuen Tarifs, von jetzt ab das Garn 3 Mark p. Ctr. theurer,“ — steigert dies wohl in irgend einer Weise die Konsumtions- oder Absatzfähigkeit des Webers? Ist der Kranke vielleicht gesund, wenn man ihm die Röthe der Gesundheit auf die Wangen schminkt? Ganz dasselbe gilt von den künstlichen, durch staatliche Eingriffe in die natürlichen Erwerbsverhältnisse hervorgebrachten Vertheuerungen, im Gegensatz zu den natürlichen Preissteigerungen, welche die Folge wirthschaftlichen Fortschritts sind. Es ist eine unlogische Eskamotage, die beiden Begriffe Ursache und Wirkung umdrehen, oder gar als identische Begriffe darstellen zu wollen. Vertheuerung durch Zoll ist, vom wirthschaftlichen Standpunkt, der Gegensatz von Vertheuerung durch steigende Konjunktur.

Nun behauptet allerdings die neue Aera, dass mit ihren durch die Zölle bewirkten Preissteigerungen, indem dieselbe Zollmaassregel zugleich die fremde Einfuhr zurückdränge, eine Vermehrung der nationalen Arbeit Hand in Hand gehe. Die Behauptung, dass Schutzzölle das Quantum der nationalen Arbeit vermehren könnten, bildet in der That den Schlüsselpunkt der gegnerischen Position, auf welche ihre Vertheidiger sich stets zurückziehen, wenn sie auch Vertheuerungen, Ueberwälzungen u. s. w. nicht mehr abläugnen können. Es wird deshalb nothwendig, diese letzte Position anzugreifen.

c) Einfluss der Schutzzölle auf den Umfang der nationalen Wertherzeugung.

Um klar zu sehen, ob und wie weit die Möglichkeit einer Vermehrung der nationalen Wertherzeugung durch den Schutzzoll vorliegt, ist streng zu scheiden zwischen dessen Wirkung auf den inländischen Austausch in der geschützten Waare und auf den Import und Export vom und nach dem Ausland.

Kein vernünftiger Mensch wird behaupten wollen, dass Preissteigerungen durch Zölle im inländischen Verkehr irgend eine Wirkung auf Vermehrung der Konsumtion, also auch auf vermehrte Produktion zur Folge haben könnten. Redner der neuen Schule erklärten im Reichstag offen, dass sie den Schutzzoll verwerfen müssten, wenn er nicht Mehrbeschäftigung von Arbeitern, höhere Wertherzeugung zur Folge haben würde. Im inländischen Austausch, der natürlich den internationalen an Bedeutung weit überwiegt, bewirken Schutzzölle im günstigsten Fall nur Verschiebungen, keine Vermehrungen im Gebiet der Wertherzeugung; was der eine an Konsumtionsfähigkeit durch höhere Preise gewinnt, verliert der Andere, und der denkbar günstigste Fall ist die Ausgleichung im Grossen und Ganzen, unter Verletzung der grossen Zahl der Konsumenten zu Gunsten einer weit geringeren Zahl von Produzenten.

Also die Zurückdrängung der Einfuhr, der Ersatz fremder durch inländische Arbeit, bleibt der Angelpunkt der Schutzzoll-Apologie. Einzig hierin wird der nationale Vortheil der Schutzzölle gesucht. Zu Ehren des Reichstags sei es übrigens gesagt, dass die rein merkantilistische Anschauung: Einfuhr sei Verlust, Ausfuhr Gewinn, also der Ueberschuss der Einfuhr über die Ausfuhr reine Verminderung des Nationalvermögens, unter den Rednern nur Einen Vertreter fand; der Abgeordnete Bamberger leuchtete diesem gelehrten Thebaner gebührend heim. Als ob Jemand etwas einführte, das ihm nicht mehr werth ist, als das Geld, das er dafür hingab? Und als ob Jemand etwas ausführte, das ihm nicht weniger werth ist, als das Geld, das er dafür empfing? Jede Operation der Einfuhr wie der Ausfuhr bringt also unter normalen Verhältnissen einen Gewinn, und jede vermehrt entsprechend das Nationalvermögen. Dagegen spukte die Idee der merkantilistischen Handelsbilanz insofern in den Köpfen der Gegner, als Ueberschuss der Einfuhr über die Ausfuhr mit einem für die Nation verloren gegangenen Arbeitsgewinn identifizirt wurde und die Bekämpfung dieser Behauptung ist es, die uns hier beschäftigt.

Auf die gegenwärtigen deutschen Verhältnisse angewandt, dürfte nun zunächst eine starke Enttäuschung eintreten bezüglich des Umfangs, in welchem, durch den Tarif von 1879, die nationale Arbeit selbst dann vermehrt werden könnte, wenn der Ersatz der fremden Arbeit durch inländische ohne Abzug verminderter Ausfuhr, also als reines Plus auftreten würde.

Unsere, allerdings auf den Werth von ca. $3\frac{1}{2}$ Milliarden Mark geschätzte Einfuhr besteht zu ganz überwiegendem Theil aus Gegenständen, die wir nur aus dem Ausland beziehen können, oder zu deren unvortheilhaftem Ersatz durch inländische Arbeit selbst ein noch weit höherer Tarif nicht anreizen würde. Unsere Einfuhren bestanden nämlich 1878, dem Werth nach, aus 87,2 Proz. Verzehrungsgegenständen, sowie Roh- und Hilfsstoffen der Industrie, und nur zu 12,8 pCt. aus Halb- und Ganzfabrikaten. Aber abgesehen hiervon fragt es sich, ob denn die Annahme, worauf die ganze Tarifreform fusst, welche der leitende Gedanke der beigegebenen Motive war, dass nämlich der Betrag der zurückgedrängten Einfuhr dem inländischen Arbeitsmarkt wirklich zu gut kommen werde, nicht auf absoluter Täuschung beruht. Um Missverständnisse auszuschliessen, möge schon hier die Bemerkung, auf die wir weiter unten zurückkommen, Platz finden, wie nämlich die Wirkung des Schutzzolls im einzelnen Fall, für ein bestimmtes gewerbliches Gebiet, zweifelsohne zur Ausdehnung des Produktions-Umfangs führen kann, wie aber dieser Zuwachs mit mathematischer Nothwendigkeit einen entsprechenden Rückgang auf anderen Gebieten der nationalen Arbeit zur Folge haben muss. Es lässt sich einmal auf dem inneren, wie auf dem internationalen Markt kein Vortheil eskamotiren, ohne dass sich sofort die gestörten Kräfte und Interessen zu einer Gegenwirkung vereinigen, die schliesslich das gestörte Gleichgewicht, wenn auch oft auf ganz anderen Gebieten, als denen, von welchen die Störung speziell ausging, wiederherstellt.

Von der, durch Zurückdrängung der fremden Einfuhr dem nationalen Markt zunächst zugeführten Arbeitsmenge ergeben sich nämlich in Wirklichkeit Abzüge, die in ihrer Gesammtheit die volle Höhe der vermeintlichen inländischen Mehrerzeugung durch eine der verminderten Einfuhr entsprechende Verminderung unserer Ausfuhr aufwiegen müssen. Denn nur, wenn bei verminderter Einfuhr unsere Ausfuhr ungefähr auf gleicher Höhe blieb, kann vom Schutzzoll eine stattgehabte Vermehrung der nationalen Arbeit behauptet werden, indem wir vorhin schon sahen, dass der innere Austausch zwischen Produzent und Konsument unmöglich durch Schutzzölle gesteigert, sondern höchstens beeinträchtigt und verschoben werden kann. Die wesentlichsten der hier in Betracht kommenden Gegenwirkungen einer künstlich zurückgedrängten Einfuhr sind folgende:

1. Die Wirkung der Ausdehnung geschützter, auf den Arbeitsumfang anderer Gewerbe;
2. die Vertheuerung des Exports;

3. die Rückwirkung aus dem benachtheiligten Ausland und
4. die Einwirkung auf den Geldmarkt.

ad 1. Es ist eine der häufigst vorkommenden Einseitigkeiten der Schutzzoll-Vertheidiger, dass sie jede Ausdehnung eines Gewerbes als ein dem National-Reichthum zuwachsendes Plus ausgeben. Insoweit die in einem Gewerbe bereits festliegenden Kapitalien und ausserhalb desselben unverwendbaren Arbeitskräfte zu höherer Ausnutzung gelangen, ist dies im Wesentlichen richtig, und selten überhaupt gelangen Kapital und Kräfte zu der höchsten Ausnutzung, deren sie absolut fähig sind. Allein jede bedeutendere Ausdehnung bedingt sofort das Heranziehen von Kapitalien, und in noch höherem Maasse von Arbeitskräften, welche dadurch anderen Verwendungen und Beschäftigungen entzogen werden. Hat es etwa die Landwirthschaft nicht empfunden, als in den Jahren 1871/73 die Arbeiter schaarenweise nach den Bergwerken, Hütten, Fabriken oder zum Eisenbahnbau strömten, als die Hypotheken gekündigt wurden oder im Zinsfuss stiegen, um in industriellen Spekulationen verwandt zu werden? Von der durch Zölle bewirkten Steigerung in der Wertherzeugung Eines Gewerbes muss zuerst die dadurch in der Regel bedingte Verminderung in der Wertherzeugung anderer Gewerbe, von dem Gewinn des Einen aus höheren Preisen oder Löhnen der damit zusammenhängende Verlust des Andern in Abzug gebracht werden; dann erst ergiebt sich der Betrag des wirklich überschiessenden Plus an nationaler Mehrarbeit. Es ist erstaunlich, wie dieser einfache und natürliche Zusammenhang übersehen werden kann, gleichsam als ob zu irgend einer Zeit Kapitalien und Menschen vollständig feierten und beliebig herangezogen werden könnten, ohne eine Rückwirkung, einen Ausfall auf anderen Erwerbsgebieten, zu hinterlassen. Selbst in Zeiten der Noth stellt sich das Quantum der Arbeitsleistung ganz anders, als man oberflächlich anzunehmen pflegt; hiervon wird weiter unten die Rede sein.

Also nicht das absolute Maass bei einzelnen Gewerben, sondern nur der überschiessende Gewinn aus der erhöhten Kapital- und Arbeitsnutzung über den vorher in anderen Verwendungen erzielten Gewinn, würde überhaupt als der reelle

Betrag einer durch Schutzzölle veranlassten stärkeren Ausdehnung der nationalen Arbeit zu betrachten sein. Bei der Elastizität der Kapital- und Arbeitskraft könnte nun allerdings ein solches Plus aus vermehrter Thätigkeit und aus einem Hinüberziehen in vortheilhaftere Verwendungen immerhin ein ganz ansehnliches sein, wenn nichts weiter davon in Abzug käme. Ob dies aber nicht der Fall ist, ob das ganze, in Einem Gewerbe erzielte Plus nicht schliesslich für die Gesammtheit zum Minus wird, dies bleibt weiter zu untersuchen.

ad 2. Wir müssen hier voraussetzen, dass die allgemeine direkte und indirekte Vertheuerung durch die Zölle anerkannt wird, dass vernünftigerweise nur über den Grad der Vertheuerung Meinungsverschiedenheit existiren kann. Wir haben nun oben schon erwähnt, wie nur die Vertheuerungen im Inland sich auf die Konsumenten fortwälzen können, wie solches aber für die Exportwaare in der Regel unmöglich sei, die Vertheuerung also auf den unmittelbar betroffenen Kapitalisten und Arbeitern lasten bliebe. Wir sind also bei dem ominösen Thema von der Benachtheiligung des Exports durch die Schutzzölle angekommen, welches der Abgeordnete Delbrück, in seiner gediegenen Schlussrede, als einen der beiden Kardinalpunkte bezeichnete, die ihm die Annahme des Tarifs unmöglich machten. Und vielleicht ist kein Einwand, eben seiner Unwiderlegbarkeit halber, von der Majorität des Reichstags und vom Regierungstisch mit grösserer Leichtfertigkeit bei Seite geschoben oder todtgeschwiegen worden, als dieser. Vermehrung und höhere Ertragsfähigkeit der nationalen Arbeit stand auf ihrer Fahne, und doch blieb der Nachweis, in welchem Grade, und in welch bedeutendem Umfang hier ein grosses Stück nationaler Arbeit geschädigt oder vernichtet werde, selbst ohne den Versuch einer ernstlichen Widerlegung. Die Vertheuerungen durch die Zölle, direkte und indirekte, berechnen sich selbst nach Minimal-Annahmen auf Hunderte von Millionen Mark. Welcher bedeutende Theil fällt nun davon auf die Ausfuhr, die bei vielen Industrien, und zwar in fortwährend steigendem Maass, einen grossen und für ihre Prosperität ausschlaggebenden Theil des inländischen Produktionsumfangs ausmacht und in so grossem Umfang der vertheuerten ausländischen Materialien, Lebensbedürfnisse

u. s. w. bedarf! Fast die Hälfte unserer Ausfuhren besteht aus gewerblichen Halb- und Ganzfabrikaten; seit aber die agrarischen Zölle hinzutreten, ist es nicht bloss dieser Theil, sondern unsere gesammte Ausfuhr im Betrag von Milliarden, einschliesslich der landwirthschaftlichen Produkte, welche durch die Tarifreform in den Produktionskosten gesteigert wird.

Da eine verstärkte Zurückdrängung des Imports, unsere Konkurrenz mit dem Ausland auf dritten Märkten nur noch verschärft, so ist selbstverständlich die Ueberwälzung der Produktions-Vertheuerungen auf die Preise der Exportartikel eine Unmöglichkeit, oder kann höchstens in den Ausnahmefällen eintreten, wo das Ausland einen Artikel nur von uns beziehen kann. Es ist somit unläugbar, wie der gesammte Betrag der Schutzzoll-Vertheuerungen, welcher auf das Ausfuhrquantum entfällt, einen gleichen Theil nationaler Arbeit, die im Export thätig war, vernichtet, sei es indem, um noch konkurriren zu können, Unternehmergewinn und Arbeitslöhne auf's äusserste heruntergedrückt, sei es indem die Ausfuhr durch die Vertheuerung ganz oder zum Theil unmöglich wird. Die Rücksicht, welche bei den freisinnigen Zollreformen von 1865 bis 1870 maassgebend war, durch Befreiung oder Erleichterung der Einfuhr von Lebensmitteln, Roh- und Hülfsstoffen und Halbfabrikaten die Exportfähigkeit Deutschlands zu stärken, ist mit rauher Hand verletzt worden.

Sahen wir, wie keine Zollmaassregel im Stande ist, den inneren Austausch zwischen Produzent und Konsument zu vermehren, wie also nur vom Ersatz ausländischer durch inländische Erzeugnisse eine Steigerung der nationalen Werthzeugung erwartet werden könnte, so war dabei das Beibehalten des bisherigen Exports, unter Zurückdrängung des Imports, die naturgemässe Voraussetzung. Fällt dieselbe, vermindert oder verkümmert sich der Export in gleichem Maasse mit dem verminderten oder verkümmerten Import, so kann auch der Schutzzoll unmöglich die nationale Arbeit vermehren, und es bleibt einzig ein Verschieben und verletzendes Eingreifen in die legitimen Verkehrsverhältnisse übrig, welches, neben der darin liegenden Ungerechtigkeit, nur relativen wirthschaftlichen Rückgang, keinen Fortschritt zur Folge haben kann.

Dass diese Beeinträchtigung des Exports aber keine bloss vorübergehende sein kann, indem die Vertheuerungen, wie die Gegner oberflächlich behaupten, sich durch die wachsende innere Konkurrenz verlieren würden, ergiebt sich aus den angestellten Betrachtungen über die Getreidezölle und überhaupt über diejenigen Vertheuerungen, welche als dauernde betrachtet werden müssen. Ebensowenig kann eine zollfreie Zulassung von Rohprodukten oder Halbfabrikaten, behufs Wiederausfuhr in verarbeitetem Zustande, die schwereren Bedenken beseitigen, welche die Tarifreform für unsere Ausfuhr wach ruft. Beim Eisen ist es ausnahmsweise und in beschränktem Umfang möglich gewesen, derartige Bestimmungen zu treffen. Wie aber schon der Abgeordnete Delbrück in seiner Schlussrede ausführte, lässt sich diesen Maassregeln aus zolltechnischen Gründen unmöglich eine irgend bedeutendere Ausdehnung geben. Und — wir wiederholen es — kann das Endziel einer vernünftigen Reform darin bestehen, dass wir in Stand gesetzt werden, billiger für das Ausland, wie für den inländischen Markt zu arbeiten?

ad 3. Ist nun auch bei den, durch die Konjunkturen bedingten Schwankungen im internationalen Verkehr, im einzelnen Falle kein statistischer Beweis zu führen, wie die Schädigungen des Exports den für Vermehrung der nationalen Arbeit erwarteten Nutzen aus dem zurückgedrängten Export vollständig aufwiegen, so treten noch äussere Gegenwirkungen hinzu, welche ebenfalls das zu Ungunsten des Imports gestörte Gleichgewicht zu Ungunsten des Exports wieder herstellen helfen.

Die Einseitigkeit der Produzenten-Schule dokumentirt sich überhaupt darin, dass sie nur die Einwirkungen der Zollmaassregeln bis in's Innere unseres eigenen Arbeitsgebiets, soweit es ihr bequem ist, verfolgt, aber den untrennbar damit zusammenhängenden Rückschlag auf's Ausland vollständig unberücksichtigt lässt. Gesetzt es waren im gesammten Ausland 100 000 Menschen mit Anfertigung unseres früheren Imports beschäftigt, und durch den neuen Schutzzolltarif ginge nun zunächst dieses Arbeitsquantum, als reine Vermehrung der nationalen Arbeit, auf uns über. Also unsere 100 000 Inländer arbeiten nun, was früher 100 000 Ausländer für uns vollbrachten.

Was thun aber nun (ganz abgesehen von der Möglichkeit retorquirender Zollmaassregeln des Auslands) jene 100 000 Ausländer? Verhungern sie? Das wäre jedenfalls schade und nebenbei würden dadurch der Produktion, also zum Theil auch uns, künftig 100 000 Konsumenten verloren sein. Aber die 100 000 Ausländer verhungern in Wirklichkeit nicht; sie suchen sich andere Absatzgebiete, auf denen sie dann, sei es direkt, sei es im ewigen Kreislauf des weltendurchlaufenden Handels, mit unserem, durch die Schutzzölle vertheuerten und weniger konkurrenzfähig gewordenen Export zusammentreffen und die Zurückdrängung oder Verkümmerung desselben, soweit dies die Vertheuerung der Schutzzölle nicht schon bewirkt hatte, vervollständigen helfen. Diese Gegenwirkungen lassen sich nicht durch alle Verschlingungen des internationalen Verkehrs verfolgen und speziell nachweisen; allein sie leugnen, heisst alle logische Schlussfolgerung, heisst jede wissenschaftliche Forschung verleugnen und unmöglich machen.

ad 4. Den Einfluss dieser Rückwirkung des geschädigten Auslands auf unseren ohnedies vertheuerten Export, vervollständigt endlich, als letzter Gleichgewichtshersteller, der internationale Geldverkehr. Der Schutzzoll strebt das Gleichgewicht von Ein- und Ausfuhr zu durchbrechen. Aber unterstellen wir selbst einen Augenblick, alle die geschilderten Gegenwirkungen auf Verminderung der Ausfuhr, in Folge zurückgedrängter Einfuhr, existirten nicht, so ist im Geldwesen ein äusserer Zwang vorhanden, der für sich allein das gestörte Gleichgewicht herstellt und zugleich in der Höhe der Wechselkurse das Zeichen für die im Gang befindliche oder vollendete Herstellung dieses Gleichgewichts bietet.

Setzen wir einmal voraus, der bisherige Import vermindere sich wesentlich und der Export bliebe doch auf gleicher Höhe, — was wird der Erfolg auf dem Geldmarkt sein? Soweit Import und Export sich decken, wird der Import durch Tratten auf den Export bezahlt. Aber der Ueberschuss? Ist es etwa dem Ausland möglich denselben mit baarem Gelde zu begleichen? Die Menge des baaren Geldes entspricht in jedem Lande nur dem Bedürfniss des inländischen Austausches und der normalen Fluktuationen des internationalen Handels. Ein dauerndes

Missverhältniss zwischen Export und Import kann also durch Geld nicht ausgeglichen werden und zwar um so weniger, als in der Regel, bei der Verschiedenheit der Münzsysteme, die Münze Eines Landes niemals in irgend beträchtlicher Menge in die Cirkulation des andern Landes gedrängt werden kann. Sowie also dem Ausland keine Wechsel mehr zur Disposition stehen, um die von uns empfangene Mehreinfuhr zu bezahlen, beginnen die Wechselkurse dort zu steigen, bei uns zu fallen. Steigt aber der ausländische Wechselkurs wesentlich über den Betrag der Fracht und Spesen des Geldversands, so beginnt der Abfluss des baaren Geldes. Da aber die fremden Banken und Banquiers das abfliessende Geld für die normalen Geldbedürfnisse ihres Landes zurückhaben müssen, so folgt naturgemäss im Ausland eine Erhöhung, im Inland eine Herabsetzung des Diskonts, der dort die Geldbeschaffung theurer macht, hier das Geld entwerthet. Wechselkurs und Diskont wirken somit zusammen, um durch die Veränderungen im Geldwerth das gestörte Gleichgewicht zwischen Waaren-Einfuhr und -Ausfuhr wiederherzustellen, indem sie die Preise unseres Imports heraufschrauben, die Preise der Ausfuhr drücken. Handelt es sich auch hierbei in der Regel nur um Differenzen von einzelnen Prozenten (im Verkehr mit den Ländern der Papier-Valuta gehen natürlich die Kursschwankungen viel weiter), so mögen diese von manchen theureren Exportartikeln getragen werden können; bei vielen Hauptartikeln des Grossverkehrs sind aber die Gewinne am Umsatz so gering, dass die Kursschwankungen denselben zum Theil oder vollständig wegnehmen können. Das natürliche und unabweisbare Ergebniss dauernder Mehrausfuhr eines Landes würde also ein Sinken seines Geldwerths und ein Steigen des Geldwerths im Ausland sein. Der Ausländer kann, weil er seine Wechsel höher verkauft, die Ausfuhr zu uns billiger ablassen; aus dem gleichen Grunde kann er aber weniger für die Waare zahlen, die er von uns empfängt, und diese Einflüsse zu Gunsten unseres Imports und zum Nachtheil unseres Exports wirken so lange fort, bis das Gleichgewicht hergestellt ist, der verminderte Import fremder also zu einem verminderten Export inländischer Waaren geführt hat. Hieraus wird auch erklärlich, wie die nachtheilige Wirkung der Schutzzölle auf den Export sich durchaus nicht auf die speziellen Waaren zu beschränken braucht, die aus zollvertheuerten Rohstoffen oder Halbfabrikaten gefertigt sind, wenn diese auch in erster Linie leiden. Durch die Kursschwankungen ist es z. B. erklärlich, wie die am Rhein zurückgedrängte Einfuhr von Fabrikaten sich vielleicht in verminderter Ausfuhr von ostpreussischen Rohprodukten äussern kann.

Auch das gestörte Gleichgewicht zwischen Hin- und Rückfrachten wirkt im Grossverkehr in ähnlicher Weise auf die Ausgleichung zwischen Ein- und Ausfuhr, wie die Wechselkurse. Dies beginnt sich insbesondere in dem starken Getreideexport aus Amerika bemerklich zu machen, der die Frachten nach Europa steigert, nach Amerika herabdrückt, somit also auf Verminderung der Ausfuhr und Vermehrung der Einfuhr hindrängt.

Es bedarf nun wohl kaum der Bemerkung, wie alle diese Wirkungen und Gegenwirkungen nicht sofort sichtbar hervorzutreten brauchen. Bei den endlosen Verschlingungen des internationalen Handels und Geldverkehrs und den ausgleichenden Einwirkungen der Arbitrage, durchkreuzen, summiren oder vernichten sich so viele Strömungen verschiedenster Art, z. B. Konjunkturschwankungen, Kapitalströmungen, Krisen, Missernten, politische Beunruhigungen u. s. w., dass man sehr selten im Stande ist, einzelne Vorgänge durch alle Stadien der Ein- und Rückwirkung zu verfolgen. Die von Einem Vorgang erwartete Wirkung kann durch Gegenwirkungen, deren Quelle man oft nicht nachweisen kann, längere Zeit aufgewogen, ja in ihr Gegentheil verkehrt werden. Der internationale Waarenaustausch findet überhaupt seine Ergänzung durch die internationalen Kapitalbewegungen; nur die Summen aus beiden Faktoren ergeben ein absolutes Gleichgewicht der Ein- und Ausfuhr. Für den Waarenaustausch allein kann stets nur von einem relativen Gleichgewicht die Rede sein. Es kann also längere Zeit, oft durch Jahre hindurch, eine Störung des Gleichgewichts zwischen Ein- und Ausfuhr, durch Bewegungen auf dem Kapitalanlagemarkt, Aus- oder Einwanderung, Umwandlung von Banquierguthaben in Schulden oder umgekehrt, Betheiligung oder Zurückströmen des Kapitals oder der Zinsen von Anleihen, Export von Edelmetallen als Produktionsgegenständen oder als Cirkulationsmittel u. s. w., bestehen bleiben, ohne dadurch die Richtigkeit obiger Erörterungen irgendwie zu erschüttern; der Rückschlag kann auf sich warten lassen, aber unausbleiblich tritt er ein. Dass hierbei niemals von Herstellung eines arithmetisch genauen Gleichgewichts die Rede sein kann, bedarf wohl nicht erst der Bemerkung; fände dies selbst statt, so wird die Statistik des internationalen Verkehrs, auf Basis problematischer Werthschätzungen, niemals eine Genauigkeit erreichen, welche es auf diesem Gebiet gestattet, anders als mit grossen Zahlen und grossen Differenzen zu rechnen.

Die Geldverhältnisse haben also für sich allein die Wirkung, das gestörte Gleichgewicht zwischen Ein- und Ausfuhr selbst dann herzustellen, wenn gar keine Aenderungen des handelspolitischen Systems, vielleicht nur ein verschiedener Ausfall der Ernten u. dgl. eingetreten waren, also die sub 2 und 3 geschilderten Vertheuerungen der inländischen Produktion und die Konkurrenz-Verschärfungen des Auslands nicht hinzukamen. Im Verein mit diesen Erschwerungen unseres Exports wird sich natürlich die aus dem Geldwesen entspringende Gegenwirkung, d. h. die relative Verminderung der Ausfuhr, im Verhältniss der verminderten Einfuhr, um so sicherer und rascher ergeben.

Die Richtigkeit der Behauptung, dass keine Zollmaassregel im Stande sei, dauernd das relative Gleichgewicht zwischen Ein- und Ausfuhr eines Landes zu stören, lässt sich aber nicht bloss durch logische Schlussfolgerung, sondern auch durch die Erfahrung beweisen. Mögen die Werthangaben der meisten Länder über ihre Ein- und Ausfuhr noch so mangelhaft sein und viele andere Einflüsse mitsprechen, so behalten doch diese Zahlen relative Beweiskraft genug, um vorstehende Behauptung zu belegen. Ist dieselbe nämlich richtig, so können Veränderungen in der Handels- und Zollpolitik der einzelnen Staaten, Ungleichheiten in den Ernteerträgen, partielle oder allgemeine Krisen, einseitige internationale Zollkonzessionen ohne Gegenleistung u. s. w. die Ein- und Ausfuhren zwar, ihrer absoluten Höhe, also ihrer Summe nach, wesentlich beeinflussen, allein sie können auf die Dauer das relative Gleichgewicht zwischen Ein- und Ausfuhr eines Landes nicht wesentlich stören. Die absolut oder relativ verminderte Einfuhr wird auf die Dauer stets eine absolut oder relativ verminderte Ausfuhr, vermehrte Ausfuhr eine vermehrte Einfuhr im Gefolge haben oder umgekehrt.

Um dies zu beweisen genügt ein rascher Blick auf einige der einschneidendsten und zugleich einseitigsten Veränderungen in den zollpolitischen Verhältnissen einzelner Staaten.

Betrachten wir z. B. England. Hat es seit den Zeiten des preussischen Zollgesetzes von 1818 eine einschneidendere und zugleich einseitigere handelspolitische Maassnahme gegeben, als Englands isolirten Uebergang vom übertriebensten industriell-agrarischen Schutzzöllnerthum zum Freihandel! Und was war der Erfolg? Der Import hat sich seitdem etwa vervierfacht; allein der Export ist in ungefähr gleichem Verhältniss gestiegen und das frühere Verhältniss zwischen Import und Export soweit unverändert geblieben, als dies die ausserdem mitwirkenden Verhältnisse gestatten. Das steigende Ueberwiegen des Imports, aus Anlass der enormen Zinsen- und Gewinnbetheiligungen aus Kapitalanlagen in fremden Ländern (bloss aus Indien und Amerika bezieht England jährlich gegen 400 Millionen Mark Zinsen von Kapitalanlagen), ändert nämlich nichts an der Thatsache der Wechselwirkung von Import und Export, sondern lässt nur nebenbei die Unhaltbarkeit der merkantilistischen Theorie von der Handelsbilanz erkennen, die in einem Uebergewicht der Ausfuhr über die Einfuhr den Reichthumsfortschritt erkennt, während doch das reichste Land der Welt fortwährend mehr Waaren ein- als ausführt.

Das umgekehrte Beispiel, mit gleichem Resultat, bieten die Vereinigten Staaten von Nordamerika. Hier ward im Anfang der sechziger Jahre, während des Secessionskriegs, der gesammte Zolltarif aus finanziellen Gründen in unerhörter Weise in die Höhe geschraubt; Zölle von 50 bis 80 pCt. des Werthes gehören kaum zu den Ausnahmen und, wenig gemildert, besteht dies System noch heute fort. Hätte sich nun nicht, wenn das System des Schutzes der nationalen Arbeit eine Wahrheit wäre, das nationale Arbeitsquantum durch wesentliche Zurückdrängung der Einfuhr im Verhältniss zur Ausfuhr erhöhen müssen?

Nichts davon ist eingetreten. Der Gesammt-Umsatz mit dem Ausland würde ohne jene Zollerhöhungen sicherlich viel bedeutender gestiegen sein; allein innerhalb des beeinträchtigten Gesammt-Verkehrs ergeben diese einseitigen Zollerhöhungen in keiner Weise eine Aenderung des früher bestandenen Verhältnisses zwischen Ein- und Ausfuhr. Es stiegen im Gegentheil die Einfuhren in den ersten 10 Jahren nach 1862 sogar noch etwas stärker als die Ausfuhren, und wenn das seit dreissig Jahren fast ausnahmslos stattgehabte Ueberwiegen der Waaren-Einfuhr, in den drei Jahren 1876, 77 und 78 in ein bedeutendes Uebergewicht der agrikolen Ausfuhr umschlug, so kommt dies doch sicherlich nicht auf Rechnung einer Nachwirkung der Schutzzölle aus dem Anfang der sechziger Jahre, sondern es ist der naturgemässe Rückschlag der stärkeren Einfuhren der vorhergegangenen Jahre (insbesondere von 1872 und 1873), in Verbindung mit geringerer Ausfuhr edler Metalle (1872 66 Mill., 1878 nur 4 Mill. Dollars), sowie mit dem Fortschreiten der Agrikultur im Westen, mit dem schlechten Gang der Fabriken, der die feiernden Arbeiter massenweise in den Ackerbau drängte, und mit der Rückströmung von amerikanischen, in den sechziger Jahren vom Ausland aufgenommenen Anleihen. Auch kommt der wesentliche Umstand hinzu, dass der Nothstand oder, was dasselbe ist, der allgemeine Konsumrückgang der letzten Jahre, naturgemäss die Länder, welche Gewerbserzeugnisse ausführen, stärker beeinträchtigen musste, als den Export von nothwendigen Nahrungsmitteln, welche den Hauptheil der amerikanischen Ausfuhr bilden und worin der Verbrauch wenig eingeschränkt werden kann. Das Jahr 1879, wo das Geld nach Amerika abzuströmen beginnt, wird übrigens sicherlich bereits die Umkehr der starken Ausfuhrsteigerung der drei letzten Jahre, beziehungsweise die Verstärkung der Einfuhren von Industrieprodukten, einleiten und die Signatur jener Steigerung als einer Schwankung, nicht dauernden Gleichgewichtsstörung zu Gunsten der Mehrausfuhr, feststellen. Und lange kann es auch nicht mehr dauern und Amerika wird zu der Einsicht kommen, wie es seiner natürlichen Entwicklung, der Ausfuhr von Agrikultur-Produkten und -Fabrikaten, durch sein übertriebenes Industrie-Schutzsystem entgegen arbeitet, wie es fremde Industrie-Erzeugnisse in grösserem Maasse zulassen muss, wenn es seine Ausfuhr steigern will. Beginnt doch schon 1879 eine bedeutend stärkere Einfuhr von europäischen Fabrikaten, trotz der überhohen Einfuhrzölle Amerika's*).

Auch die Statistik Frankreichs seit 1860 konstatirt, dass der berühmte Cobden'sche Vertrag durchaus keine wesentliche Aenderung des früheren Verhältnisses zwischen Ein- und Ausfuhr gebracht hat, obgleich das Uebergewicht der Konzessionen, in ihrer Ausdehnung auf alle meistbegünstigten Nationen, unbedingt auf Seite Frankreichs war. Der Ausfall der Ernten spielte bei den Schwankungen der einzelnen Jahre die Hauptrolle. Es betrugen z. B. in Millionen Francs:

---

*) Der „Reichsanzeiger" veröffentlicht soeben (Anfang Januar 1880) die wichtigsten statistischen Zahlen aus dem Fiskaljahr, das am 30. Juni 1879 endete. Sie bestätigen in jeder Beziehung die oben ausgesprochenen Ansichten. Wenn auch die Ausfuhr noch um weitere 15 Millionen Dollars gestiegen ist, so schlug doch die, seit 1873 stattgehabte fortwährende Abnahme der Einfuhr wieder in ein Fortschreiten von 9 Mill. Dollars um, während die Mehrausfuhr an Kontanten und Edelmetallen ungefähr auf gleicher Höhe mit 1878 blieb. Noch eklatanter stellt sich die im Zuge befindliche Wiederherstellung des früheren Verhältnisses zwischen Ein- und Ausfuhr heraus, wenn man die beiden, am 31. Oktober 1878 und 1879 endigenden Jahre vergleicht. Die Ausfuhr nahm darin um 8 Millionen, die Einfuhr dagegen um 44 Millionen Dollars zu, und überdies hatte sich der 1877/78 immer noch 5 Millionen betragende Ueberschuss der Ausfuhr an Kontanten und Edelmetallen, in einen 44 Millionen betragenden Ueberschuss der Einfuhr verwandelt. Wenn man bedenkt, dass Amerika das bedeutendste Produktionsland für Edelmetalle ist und Europa eines jährlichen Zuschusses von dorten absolut nothwendig bedarf, so erscheint ein Rückströmen von Kontanten und Edelmetallen von Europa nach Amerika als naturwidrig und auf die Dauer unhaltbar. Die oben geschilderte Einwirkung der Wechselkurse und Frachten, auf Herstellung des relativen Gleichgewichts zwischen Ein- und Ausfuhr, ist bereits in vollem Gang und nur eine relative Verminderung der amerikanischen Ausfuhr, oder eine weitere bedeutende Vermehrung seiner Waareneinfuhr, kann das schliessliche Ergebniss sein. Das Jahr 1880 wird hierfür noch bestimmtere Beweise liefern, als das Jahr 1879 bereits erbracht hat.

	Einfuhr	Ausfuhr
1849	724	937
1859	1 640	2 266
1860/64	2 298	2 402
1865/69	2 983	2 991
1870/74	3 413	3 384

In den letzten Lustrum hat die Abtrennung von Elsass-Lothringen, vorübergehend wenigstens, die früheren Ein- und Ausfuhrverhältnisse etwas verschoben.

Die unvollkommene deutsche Statistik lässt den Erfolg der Reformen von 1865, die doch, bei der diesseits vorgenommenen Verallgemeinerung der vertragsmässigen Tarife, den Charakter von überwiegend einseitigen, keineswegs durch die Gegenkonzessionen einzelner Länder vollgedeckten freihändlerischen Maassregeln trugen, nicht mit Zahlen nachweisen. Allein hier lässt die thatsächliche Blüthe aller Erwerbszweige ohne Ausnahme, die von 1865 bis zum Beginn der, ganz anderen Ursachen entsprungenen Krisis stattfand, sicher erkennen, wie das Verhältniss des Imports zum Export nicht zu Gunsten der nationalen Arbeit geschädigt worden ist. Dem Steigen der Einfuhren folgte stets eine entsprechende Steigerung der Ausfuhren, insbesondere in Gewerbserzeugnissen. Wenn aber Zollherabsetzungen mit der steigenden Einfuhr eine gleichmässig steigende Ausfuhr herbeiführen, so bestätigt dies die obigen Behauptungen, wie Zollerhöhungen mit der Einfuhr auch die Ausfuhr beschränken müssen.

Eine der amtlichen Statistik über den Werth unserer Waareneinfuhr gegenübergestellte privative Berechnung des Werths unserer Waarenausfuhr in den Jahren 1872—78 ergiebt folgende Zahlen.

	Werth der Einfuhr	Werth der Ausfuhr
1872	3 262 Mill. M.	2 321 Mill. M.
1873	3 756 -	2 302 -
1874	3 605 -	2 349 -
1875	3 531 -	2 481 -
1876	3 802 -	2 558 -
1877	3 774 -	2 790 -
1878	3 530 -	2 875 -

Die Ausfuhr ist also von 1872 bis 78 gestiegen um 554 Mill. M. oder 24 pCt., die Einfuhr um 268 Mill. M. oder 8 pCt., — ein Ergebniss, das, vom Standpunkt unserer Gegner aus, unmöglich gegen die Delbrück'schen freisinnigen Reformen von 1865/70 geltend gemacht werden kann, da ihrer Ansicht nach die Verminderung der Einfuhr und Vermehrung der Ausfuhr das untrügliche Kriterium einer guten Handelspolitik ist, und sie mit ihrem „Schutz der nationalen Arbeit" gerade diejenige Bewegung des internationalen Handels (relative Zurückdrängung der Einfuhr und Vermehrung der Ausfuhr) erstreben, die von 1872 bis 78 thatsächlich bei uns stattgefunden hat. Die Sätze für Berechnung der Ausfuhrwerthe sind hier wohl zu niedrig gegriffen, was indess die relative Bedeutung der Zahlenreihen nicht beeinträchtigt. Leider stehen keine derartigen Berechnungen aus der Periode vor 1865 zu Gebot.

Vorstehende Zahlen belegen nebenbei die schon oft ausgesprochene Behauptung, wie von den Zahlen der Ein- und Ausfuhren und ihrem Verhältniss zu einander, in keiner Weise auf eine günstige oder ungünstige Geschäftslage geschlossen werden kann; hierfür entscheidet einzig der Gewinn, welcher bei den verschiedenen Transaktionen gemacht worden ist. Von 1872 auf 73, also in den Zeiten der höchsten Preise und der fabelhaftesten Produzentengewinne, stieg die Einfuhr um 494 Mill. M. oder 15 pCt., und fiel die Ausfuhr um 19 Mill. M. oder 1 pCt. In der höchsten Nothlage dagegen, von 1877 auf 1878, fiel die Einfuhr um 244 Mill. oder 6 pCt., und stieg die Ausfuhr um 65 Mill. oder 2 pCt. Man sieht hieraus, wie absurd es ist, die nackten Zahlen der Handelsbilanz, im Sinne der Gegner, zum Barometer des Gedeihens oder des Nothstands eines Landes oder nur eines einzelnen Gewerbes machen zu wollen. Dies wäre nur möglich, wenn man gleichzeitig das Verhältniss der Waarenpreise zu den Produktionskosten und das Steigen oder Fallen der inländischen Produktion und Konsumtion in die Rechnung einstellen könnte, — Verhältnisse, die sich in der Regel jeder genauen statistischen Ermittelung entziehen.

Ein auffallendes Beispiel, wie selbst die tiefgehendsten Veränderungen in den Bedingungen der Ein- und Ausfuhr keine wesentliche und dauernde Störung zwischen Ein- und Ausfuhr verursachen können, bietet uns Russland in diesem Augenblick dar. Die durch die übermässige Papierausgabe um etwa ein Dritttheil entwerthete Valuta gestaltet sich zur Zeit noch, so lange alle Löhne und Materialpreise in Russland nicht entsprechend gestiegen sein werden, zu einer fast gleich hohen Exportprämie, während die ohnedies so hohen Einfuhrzölle noch um den Betrag des Goldagios gesteigert worden sind. Trotz dieses enormen Druckes auf Verstärkung der Ausfuhr und Erschwerung der Einfuhr, wie er intensiver durch die exorbitanteste Schutzzollmaassregel nicht ausgeübt werden könnte, wird schon die Statistik des laufenden Jahres ergeben, dass zwar Schwankungen, aber keine wesentlichen Störungen des früheren Verhältnisses zwischen Ein- und Ausfuhr stattgefunden haben.

Diese Hinweise auf die Folgen tiefgehender zollpolitischen Veränderungen werden den voraufgegangenen Beweis bekräftigen, wie ein Zurückdrängen der Einfuhr mit Nothwendigkeit ein entsprechendes Zurückdrängen der Ausfuhr zum Gefolge haben muss, wie überhaupt durch handels- oder finanz-politische Maassnahmen das relative Gleichgewicht zwischen Ein- und Ausfuhr von Waaren dauernd gar nicht gestört, sondern nur der Gesammtumsatz mit dem Ausland vergrössert oder verringert werden kann. Selbstverständlich bleiben hierbei die von der Handelspolitik unabhängigen Bewegungen im Waarenverkehr ausgeschlossen, welche durch das internationale Hin- und Rückströmen von Anleihen, Kapitalanlagen und Zinsen, Auswanderungen von Menschen oder Kapitalien u. s. w. temporär oder dauernd eintreten mögen.

Man sieht also, wie der ganze Bau der neuen Schule in den Staub sinkt, sobald sie zugeben muss, dass die zurückgedrängte Einfuhr die nationale Wertherzeugung nicht vermehren kann, weil diese auf der andern Seite durch die Vertheuerung des Exports, durch die verstärkte Konkurrenz auf dritten Märkten und durch den Einfluss auf den Geldmarkt genau ebensoviel an der Ausfuhr einbüsst. Als Resultat bleibt also nur dasselbe Arbeitsquantum übrig, wie vor Auflegung oder Erhöhung des Zolls, nur vertheuert und verschoben durch gewaltsames Verdrängen von den Bahnen der Erzeugung, des

Handels und der Konsumtion, die diese sich früher als die vortheilhaftesten selbst aufgesucht hatten. Die Arbeitsmenge mag vielfach erhöht werden, weil jetzt Gegenstände theurer kommen als früher; aber das Quantum der Wertherzeugung kann nur sinken, nicht steigen. Künstliche Preissteigerungen sind eben keine Werthsteigerungen.

So stellt sich die Wirkung des Schutzzolls für's Allgemeine, wobei privativer Nutzen und Nachtheil der Einzelnen gegen einander aufgerechnet werden. Für einen einzelnen Zweig der Gewerbthätigkeit kann sich selbstverständlich die Sachlage ganz anders gestalten. Hier kann ein Schutzzoll den Gewinn des Unternehmers, die Zahl der Arbeiter, die Arbeitslöhne u. s. w. steigern, auch die Vertheuerung eines vielleicht geringfügigen Exports unter Umständen nur eine untergeordnete Rolle spielen. Mit den Schutzzollerhöhungen hat also der Staat allerdings ein Mittel in der Hand, erhöhten Nutzen in den Kanal eines bestimmten Gewerbes zu lenken, — ein Mittel das er in vereinzelten Nothfällen unter reiflicher Prüfung der Sachlage unbedingt anzuwenden berechtigt ist. Aber dieser künstlich Einem Gewerbe zugeleitete Nutzen kommt niemals in der Erhöhung des National-Reichthums und der nationalen Produktivkraft zum Ausdruck, eben weil er direkt und indirekt durch Vertheuerung, Exporterschwerung u. s. w. die Produktions- und Konsumtionsfähigkeit der übrigen Staatsangehörigen, nicht bloss in gleichem, sondern in höherem Grade und überdies in sehr ungleichartiger Weise schädigt. Die Blüthe Eines Gewerbes zieht nur dann die des andern nach sich, wenn günstige Konjunkturen, nicht wenn künstliche Preissteigerungen durch Zölle den Anstoss gaben. Deshalb kann in der That nur ein wirklich nachgewiesener, nicht in allgemeinen Konjunkturen, sondern in speziellen Verschiebungen der internationalen Konkurrenzverhältnisse wurzelnder Nothstand einzelner Gewerbe, zu neuen Schutzzollmaassregeln Veranlassung geben. Die Idee eines verallgemeinerten Schutzzollsystems leidet hier nochmals Schiffbruch. Nur einem Theil kann geholfen werden; die gleiche Hilfsbedürftigkeit Aller, oder, was dasselbe ist, die gleiche Unterstützung an Alle, gewährt von Allen, hebt die Möglichkeit der Hilfsleistung in sich selbst vollständig auf.

Der Satz, dass durch Schutzzölle die Ausfuhr eines Zollgebiets in gleichem Maasse geschädigt, wie die Einfuhr erschwert wird, führt nun in seiner logischen Konsequenz zur Beseitigung aller übrigen Trugschlüsse der neuen Schule, welche wir bisher noch unberührt gelassen haben. Es folgt daraus unmittelbar, wie Erleichterungen der Einfuhr ebenso nothwendig zu Erleichterungen der Ausfuhr führen müssen; denn es ist dies ganz jener selbe Satz, wie er sich von der andern Seite aus betrachtet darstellt. An die Stelle der Vertheuerung des Exports tritt billigere Herstellung desselben, — an die Stelle verstärkter Konkurrenz des zurückgedrängten Auslands auf dritten Märkten tritt Erleichterung, — an Stelle der Geldentwerthung, welche die Ausfuhr schädigte, tritt Steigerung, bis sich wieder ein Gleichgewicht auf dem Niveau erhöhten internationalen Austausches hergestellt hat. Jede durch Zollherabsetzungen bewirkte Verstärkung des internationalen Verkehrs bezeichnet, sowohl für die Interessenten der Einfuhr als der Ausfuhr, also für die Gesammtheit, einen erhöhten Gewinn, da nur erhöhter Gewinn die einzige Anreizung sein konnte, die Bezugsrichtungen zu ändern. Jede Zollerhöhung dagegen verkürzt diese Gewinne, indem sie die von den Interessenten selbstgewählten, also vortheilhaftesten Bezugsrichtungen gewaltsam abändert.

Und in der unlöslichen Wechselwirkung zwischen Einfuhr und Ausfuhr schwindet zuletzt auch der von der Produzenten-Schule künstlich aufgeworfene Gegensatz zwischen dem wirthschaftlichen Nutzen von der Einfuhr und Ausfuhr, zu dessen, beinahe komischen Auswüchsen auch die Beurtheilung der verschiedenen wirthschaftlichen Bedeutung der Eisenbahnen gehört. Je nachdem sie die Güter heranbringen oder ausführen, betrachtet die Produzenten-Schule dieselben als schädliche oder nützliche Faktoren des Volkswohlstands. Alle diese handgreiflichen Widersprüche lösen sich in sich selbst auf oder gehen vielmehr, mit Logik und Erfahrung in Uebereinstimmung, in den Satz über, dass Ein- und Ausfuhrinteressen identisch, dass Gleichgewicht zwischen Ein- und Ausfuhr das normale Verhältniss sei, Störungen dieses Gleichgewichts aber, sei es zu Gunsten der Ausfuhr oder Einfuhr, einen abnormalen Zustand bezeichnen. Die

Aufgabe der Handelspolitik gestaltet sich hiernach nicht mehr dahin, durch künstliche Mittel auf eine für die Dauer unmöglich festzuhaltende einseitige Steigerung der Ausfuhr und Zurückdrängung der Einfuhr einzuwirken, sondern das Gleichgewicht, wenn und wo es gestört wird, wieder herzustellen, durch thunlichste Wegräumung der Hindernisse, welche den Rückgang des Imports oder Exports verursacht hatten.

Bedingen sich Ein- und Ausfuhr gegenseitig, ist also der wirthschaftliche Nutzen an der Einfuhr identisch mit dem Nutzen an der Ausfuhr, so lösen sich auch die Widersprüche, in welche sich die Produzenten-Schule verstrickt, indem sie (und auf diesem Satz fussen die gesammten Motive zum Tarif) unmittelbar von verstärkter Einfuhr auf steigenden Nothstand, also was dasselbe ist, von verstärkter Ausfuhr auf steigenden Wohlstand schliesst, also zurückgedrängte Einfuhr mit Vermehrung des nationalen Reichthums identifizirt. Hat z. B. nicht in der Eisenindustrie die für sie günstigste Periode 1872/73 zu den Zeiten der höchsten Einfuhr, die stärkste Nothlage 1878/79 zu den Zeiten der stärksten Ausfuhr bestanden? Hat nicht das Steigen der Güterpreise seit den fünfziger Jahren bei fortwährendem Steigen der Getreideeinfuhr und Rückgang der Ausfuhr stattgefunden? Wenn Ein- und Ausfuhr eines Zollgebiets untrennbar zusammenhängen und einander bedingen (wenn auch selbstverständlich nicht innerhalb jedes einzelnen Zweiges der Erwerbsthätigkeit), so kann von diesem Standpunkt aus zwischen dem wirthschaftlichen Nutzen der einen und der anderen Operation gar nicht mehr unterschieden werden, und es kommen daher in erster Linie die aus der Konjunktur, also aus dem Verhältniss von Nachfrage und Angebot jeweilig entwickelten Preisverhältnisse zur Sprache, ehe man von verstärkter oder verringerter Ausfuhr und verringerter oder verstärkter Einfuhr auf die Lage eines Geschäfts schliessen kann. Verstärkte Ausfuhr kann ebensogut ein Symptom der Prosperität des inneren Arbeitsmarkts, als einer kritischen Nothlage sein, und ebenso verhält es sich mit der Einfuhr. Unmittelbar von dem Verhältniss der Einfuhr zur Ausfuhr auf den Gang eines Geschäfts schliessen zu wollen, ist Unsinn.

Der Staatsverband bedingt keine solidarische Verbindung

seiner Produzenten- und Konsumenteninteressen; nur zwischen Konsument und Produzent im Allgemeinen, gleichviel ob diesseits oder jenseits der politischen Grenze, besteht einzig und allein die wirthschaftliche Solidarität, welche Zollmaassregeln beeinträchtigen, aber nicht vernichten können. Unwiderstehlich drängt der natürliche Gang des Verkehrslebens auf die Weltwirthschaft hin als das Vortheilhafteste für jeden Einzelstaat.

Jede Störung im wirthschaftlichen Getriebe kann also nur zum Nachtheil des Ganzen ausschlagen, keine reaktionäre Zollmaassregel kann das Quantum der nationalen Wertherzeugung vermehren. Import bedingt den Export und umgekehrt; dieser Satz schlägt alle Argumente der Produzenten-Schule zu Boden.

V.

Wechselwirkung der in- und ausländischen Zollpolitik.

Kein Argument ward von den verschiedenfarbigen Anhängern der Tarifreform von 1879, von Stumm wie Treitschke, von Kleist-Retzow wie Windhorst, häufiger wiederholt, keines hat ihr aus den Reihen der Zweifelnden und Dilettanten eine grössere Zahl von Anhängern zugeführt, als die Behauptung: es sei Unsinn (Donquixoterie, wie Herr von Kleist-Retzow in der Sitzung vom 11. Juli 1879 sagte) bei niedrigen Tarifen stehen zu bleiben, wenn die Nachbarvölker ihre Tarife erhöhten oder zu erhöhen im Begiff seien. „Freihandel nur, wenn alle Völker Freihandel treiben", — so lautet das Freihandels-Bekenntniss aller Schutzzöllner. Und es ist gewiss ehrlich gemeint, da Jeder positiv überzeugt ist, wie jene Vorbedingung ewig unerfüllbar bleibt. Es lässt sich nicht läugnen, wie die Idee des reciproken Freihandels den äusseren Anschein unerbittlicher Logik trägt; man erweckte im Reichstag geradezu Mitleid, wenn man sie bezweifelte. Nur schade, dass Erfahrung und Wissenschaft das Gegentheil jener Behauptung rechtfertigen.

Zuerst einige Worte aus der Geschichte und Erfahrung. Unser ganzes Zollsystem und dessen Entwicklung seit 1818 ruhen nämlich auf der Donquixoterie: ohne jede Rücksicht auf das gesammte, von Prohibitionen und prohibitivartigen Schutzzöllen starrende Ausland, ja im offenen und bewussten Gegensatz zu dieser Zollpolitik, mit den eigenen Prohibitionen und Monopolen gebrochen und den freisinnigen, im Lichte der damaligen Zeit geradezu radikalen Tarif von 1818 eingeführt zu haben. Herr von Kleist-Retzow wird also, wohl oder übel, vor die Alternative gestellt, entweder den wirthschaftlichen Aufschwung Deutschlands seit 1818 zu läugnen und die Tarifreform von 1818 ebenfalls als Donquixoterie zu bezeichnen, oder sich gefallen zu lassen, dass diese freundliche Bezeichnung von denen, welche auf dem Standpunkt von 1818 stehen, auf die Tarifreform von 1879 angewandt wird. Indem aber die grossen preussischen Staatsökonomen von 1818 (die Gegner im Reichstag erinnerten sich kaum der Namen Maassen, Kunth, Bülow u. s. w.) mit ihren freisinnigen Maassregeln in einem positiven Gegensatz zu der übertriebenen Schutzzollpolitik der Nachbarstaaten traten, schritten sie nicht etwa einer Strömung voraus, welche sich in diesen Nachbarstaaten zu Gunsten ähnlichen freisinnigen Fortscheitens geltend gemacht haben könnte und baldige Nachfolge auf dem Wege Preussens verhiess. Zum Kummer von Herrn von Kleist-Retzow muss das Gegentheil geschichtlich konstatirt werden. Noch niemals, und nur mit 1879 vergleichbar, gingen die Strömungen so stark in der Richtung fernerer Steigerung des industriell-agrarischen Schutzsystems, als nach den Befreiungskriegen. Als die Berathungen über das Gesetz von 1818 begannen, hatte Frankreich soeben die alten Prohibitionen des Jahres V wieder hergestellt und jene Verbindung der Agrarier und Industriellen eingeleitet, welche in den nächsten Jahrzehnten die französische wie die englische Zollpolitik beherrschte. In England fanden fortwährend Zollerhöhungen statt und 1815 erfolgte der stärkste Schlag, der Preussen, dessen Ausfuhren damals fast nur in Getreide bestanden, treffen konnte, indem die Weizeneinfuhr vollständig verboten wurde, so lange der Preis nicht die ungewöhnliche Höhe von 80 sh. erreicht hatte. Die Niederlande schritten, von dem industriellen Belgien gedrängt, in gleichem reaktionären Sinne vor. Oesterreich blieb fest auf seinem hohen Schutzsystem und wenn Russland 1816 sein, seit 1810 angenommenes Prohibitivsystem zu Gunsten einiger Manufakturwaaren etwas milderte, so geschah dies nur auf dem Seeweg, also zu Gunsten England's und zum Nachtheil Preussen's. Nirgendwo gewahrte man am Horizont auch nur das leiseste Zeichen, dass Preussens freisinniges Vorgehen Nachahmung finden könne; erst ein Decennium später begann das überraschende Fortschreiten unseres Volkswohlstands die Aufmerksamkeit Huskisson's auf sich zu ziehen und die freisinnigen englischen Reformen der vierziger Jahre einzuleiten. So war Preussens Zollpolitik von 1818 beschaffen und keine polemische Eskamotage wird sie mit der Zollpolitik von 1879 in Einklang bringen.

Die bedeutenden Zollbefreiungen und Herabsetzungen der sechziger Jahre waren im Wesentlichen ebenso einseitige Maassregeln, wie die von 1818. Delbrück hob ausdrücklich im Zollparlament die Unabhängigkeit seiner Zollpolitik von den Tarifen des Auslands hervor. Die Handelsverträge mit Oesterreich, Frankreich, England, Belgien u. s. w. hatten unstreitig die Absicht wie den Erfolg, unseren Fabrikaten einen weiteren Markt zu verschaffen. Allein indem wir in unseren Tarifen die den einzelnen Staaten zugestandenen Zölle verallgemeinerten, ging die Tragweite unserer Zollherabsetzungen ganz bedeutend über das Aequivalent der Zollherabsetzungen in den einzelnen Vertragsländern hinaus. In Wirklichkeit bildeten die Verträge wenig mehr wie den Vorwand, um von den übrigen Zollvereinsstaaten, beziehungsweise dem Zollparlament, die Zustimmung zu einer im wesentlichen selbständigen freisinnigen Tarifreform zu erlangen.

Die thatsächlichen Erfolge dieser Reform liegen vor Augen. Die Behauptung, das Jahr 1865 habe den wirthschaftlichen Rückgang eingeleitet oder doch wenigstens den wirthschaftlichen Fortschritt gehemmt, hat vollständig Fiasco gemacht. Niemand vermag an der Thatsache zu rütteln, dass mit 1865 eine Periode des verstärkten, alle Erwerbszweige umfassenden Fortschreitens begann, in welcher sogar der Streit der Freihändler und Schutzzöllner verstummte. Und die Krisis der siebziger Jahre aus jener Reform abzuleiten, war noch von keiner kompetenten Feder behauptet worden, bis diese Ansicht plötzlich, ohne selbst den Schatten einer Begründung, als ein unanfechtbares Dogma im Reichstag auftauchte.

Warum nun jetzt den entgegengesetzten Weg einschlagen, die bisher befolgten Grundsätze unabhängiger, von Erfolg gekrönter Handelspolitik verläugnen? Weil Oesterreich und Italien ihre Zölle erhöht haben und Frankreich möglicherweise mit Erhöhungen folgen könnte? Ist es im Ernst ein stichhaltiger Grund, eine solche Riesenbewegung im Gebiet unserer gesammten Zollpolitik wie die Reform von 1879, an jene verhältnissmässig unbedeutenden zollpolitischen Vorgänge zweier Länder anzuknüpfen! Was bedeuten denn diejenigen Ausfuhrmengen, um welche sich unser Export nach Oesterreich und Italien durch deren Zollerhöhungen vermindern könnte, im Verhältniss zu unserem Gesammtverkehr mit dem Ausland und im Verhältniss zu der relativen Verminderung des Gesammt-Exports, den die Zollvertheuerungen von 1879 im Gefolge haben werden! Das Missverhältniss ist hier so schreiend, dass es vollkommen berechtigt erscheint, hier nicht von einem Grund, sondern nur von einem willkommenen Vorwand zu sprechen, um die Fahne des wirthschaftlichen Fortschritts, die Preussen seit 1818 allen Völkern vorausgetragen, mit der Schleppe des Rückschritts zu vertauschen.

Freilich wird uns gleichzeitig gesagt, man wolle in den erhöhten Zöllen Unterhandlungsmaterial gewinnen, um andere Staaten (es kann zunächst nur auf Oesterreich und Italien abgesehen sein) zur reciproken Wiederherabsetzung ihrer Zölle zu veranlassen. Allein, wie im vorliegenden Fall mit Oesterreich, so spitzen sich derartige Vertragsverhandlungen von Staat zu Staat gewöhnlich nur auf einzelne maassgebende Zollsätze zu. Wer wollte etwas dagegen einwenden, wenn wir einzelne Zollsätze z. B. auf Wein, feine Glas- und Lederwaaren, Backobst u. s. w. erhöht hätten, in der Aussicht auf deren baldige Wiederbeseitigung im Vertragswege, unter gleichzeitiger Erlangung von Gegenkonzessionen? Gewiss Niemand. Allein zu diesem Zweck unser ganzes Zollsystem um mehr als das Doppelte in die Höhe zu schrauben, das Quantum der zollpflichtigen Gegenstände um's sechs- bis siebenfache zu vermehren, und selbst die unentbehrlichsten Lebensbedürfnisse zu vertheuern, unseren gesammten Export zu schädigen, — und dies alles um von Oesterreich oder Italien einige Gegenkonzessionen zu erlangen, — das ist doch ein Missverhältniss zwischen Aufwand und möglichem Erfolg, wie es einer weisen Vertragspolitik nicht entspringen kann. Dass man in den sechziger Jahren die in allen Ländern dem freien Handel günstigere Strömung benutzte, um die, durch das eigene Interesse gebotenen Zollherabsetzungen, auch noch als Mittel zur Erreichung von Zollherabsetzungen in möglichst vielen ausländischen Staaten zu verwerthen, war im höchsten Grad vernünftig. Man nahm auf seinem Wege mit was man konnte. Allein jetzt nun, aus Anlass vereinzelter Rückschritte einzelner Staaten, uns bis jenseits 1865 zurückzuschrauben, um sodann, während die Strömung im Ausland eine den Verträgen und Zollherabsetzungen ungünstige geworden ist, jenen Weg noch einmal zu versuchen, das heisst doch mit einem der wichtigsten Faktoren unseres wirthschaftlichen Lebens unverantwortlich experimentiren und die frühere traditionelle Selbstständigkeit unserer Zollpolitik, dem Belieben des Auslands und den Zufällen veränderter Strömungen hingeben. Es heisst, mit einem Wort, der Zollpolitik von 1818 in's Gesicht schlagen.

Das Ausland in seinen schutzzöllnerischen Strömungen zu unserem Nachtheil bestärken, das dürfte der nächste Erfolg unserer neuen Tarifpolitik sein. In Frankreich schwankt noch die Waage; schlägt sie zu Ungunsten der freieren, 1860 inaugurirten Richtung aus, so trägt unsere Tarifreform die Hauptschuld daran. — Was übrigens England betrifft, so deutet nichts darauf hin, dass die am 2. Mai 1879 vom Fürsten Bismarck ausgesprochene Prophezeiung, es werde binnen einiger Jahre zum Schutzzoll zurückgekehrt sein, in Erfüllung gehen wird; die handelspolitische Einsicht ist dort tiefer in's Volk gedrungen als bei uns.

Die letzte Konsequenz der falschen Richtung von 1879 ging auf den Kampfzoll. Die gefährlichste Spitze, wie sie §. 5 des Zollgesetzentwurfes gegen die autonomen Schutzzolltarife anderer Staaten richtete, hat der Reichstag, wenn auch nur mit geringer Majorität, abgebrochen und damit die Möglichkeit eines agressiven Kampfzollsystems, das über die Abwehr spezieller Zurücksetzungen gegen dritte Staaten hinausgeht, abgeschnitten. Es lohnt deshalb der Mühe nicht mehr nachzuweisen, wie ein Land dessen Einfuhr zu $^7/_8$ aus unentbehrlichen Rohstoffen und Lebensbedürfnissen, dessen Ausfuhr dagegen fast zur Hälfte aus Halb- und Ganzfabrikaten besteht, gar nicht in der Lage ist, eine agressive Kampfpolitik in Anwendung zu bringen, ohne sich selbst zehnmal mehr, als dem Ausland zu schaden.

Wenn wir somit den Gegensatz der neuen Aera gegen die traditionelle Zollpolitik Deutschlands hervorgehoben und gezeigt haben, wie jene behauptete Donquixoterie isolirten, selbständigen Vorgehens auf dem Gebiete der Handelsfreiheit, thatsächlich und zweifellos das Lebensprinzip der Zollpolitik von 1818 bis zu unseren Tagen hinauf, gewesen ist, so war der direkte wirthschaftliche Beweis zu Ungunsten jener gegnerischen Behauptungen schon im vorigen Kapitel geführt worden. Wenn Einfuhr nicht beschränkt werden kann, ohne eine entsprechende Beschränkung der Ausfuhr durch die dort geschilderten Gegenwirkungen im Gefolge zu haben, so gilt dies ebenso vom Ausland wie vom Inland. Erhöht das Ausland seine Zölle, so hat es mit der Zurückdrängung unserer Ausfuhr dorthin, auch seine Konkurrenzfähigkeit auf dem unseren, wie auf dritten Märkten in gleichem Umfang geschädigt. Der Schaden aus fremden Zollerhöhungen, oder dem Ablauf von Verträgen, pflegt wohl einzelne Gewerbe empfindlich zu treffen; allein der Gesammtschaden für das Ganze muss sich stets — die Statistik wird dies auch jetzt wieder Oesterreich gegenüber lehren — als weit geringer herausstellen, wie man auf den ersten Blick annehmen sollte, da uns die Konkurrenz auf dritten Märkten durch dieselbe Maassregel des fremden Staats erleichtert worden ist.

Immerhin schaden aber Zollerhöhungen eines dritten Staates unserem Verkehr mit diesem Einen Land, so dass die Bemühungen im Vertragswege zu niedrigeren Zöllen für Ausland und Inland zu gelangen, durchaus in der Richtung einer freisinnigen Handelspolitik liegen und mit Macht erstrebt werden müssen. Allein es involvirt kein Gleichgewicht des Schadens, ob ein fremder Staat, oder ob wir selbst unsere Zölle allgemein heraufsetzen. Denn der Schaden einer solchen Maassregel des einzelnen fremden Staates trifft nur die auf diesen speziellen Staat entfallende Quote unseres internationalen Verkehrs; eine Erhöhung unserer eigenen Zölle aber, mit ihrem nachtheiligen Rückschlag auf unseren Export, trifft unseren gesammten internationalen Verkehr. Es kann deshalb die Zollerhöhung eines oder mehrerer Staaten, niemals den Vorwand zu gleichartigen Erhöhungen unseres eignen Tarifs abgeben, weil eben dort nur eine, auf jene Staaten beschränkte, hier dagegen eine allgemeine Einwirkung auf den Gesammtverkehr stattfindet. Zieht man das arithmetische Mittel aus den Zollsätzen der wichtigsten Handelsstaaten im Jahr 1870 und heute, so dürften die in einzelnen Ländern stattgehabten Erhöhungen, das frühere durchschnittliche Niveau der ausländischen Zollsätze sicherlich noch nicht um 3 Prozent gesteigert haben, denn die meisten und wichtigsten Staaten haben in jenem Zeitraum gar keine Erhöhungen vorgenommen. Selbst vom gegnerischen Standpunkt wird man also die Tarifreform von 1879, welche die Zölle vielleicht verdoppelt, die bisherige zollfreie Einfuhr, dem Werthe nach, etwa um die Hälfte einschränkt, unmöglich als Aequivalent der Zollerhöhungen Oesterreichs und Italiens, allenfalls auch der russischen Einführung der Goldzahlung für Zölle hinstellen können. Der Charakter einer selbständigen reaktionären Maassregel, eines Bruchs mit unseren alten, erprobten Prinzipien, die nur ein Vorwärtsgehen auf der Bahn der Handesfreiheit, keine allgemeine Rückwärtsbewegung kannten, tritt klar aus allen Umhüllungen und Vorwänden hervor. Es ist thatsächlich falsch, dass eine irgend wesentliche Veränderung in der Zollpolitik des gesammten Auslands stattgefunden habe, die einen Anlass zu unserer eigenen vorliegenden Bewegung hätte bieten können, so wenig wie die Reformen von 1818 und 1865 zur Voraussetzung hatten, dass alle Länder unserem Beispiel folgen würden.

Ist also die Einwirkung ausländischer Zollerhöhungen, insofern sie nicht die Gesammtheit aller Handelsstaaten umfassen würden, mit der Einwirkung eigner Zollerhöhungen gar nicht in Parallele zu stellen, so ergiebt sich nun auch, als letzte Konsequenz der Erörterungen im vorigen Kapitel, wie absolut unmöglich es ist, den Nachtheil fremder Zollerhöhungen durch eigne ausgleichen zu wollen. Die fremden Zollerhöhungen bringen uns unzweifelhaft Schaden, die eignen, da sie den Export in gleicher Weise wie den Import beschränken, ebenfalls. Schaden zu Schaden addirt, gleicht sich aber nicht aus, sondern summirt sich. Ein dritter Staat hat durch die Zollvertheuerungen seine Konkurrenzfähigkeit auf dem

Weltmarkt geschwächt; sollen wir dies nachahmen, oder unseren Ersatz für die von diesem Einen fremden Staat beschränkte Einfuhr unserer Produkte, nicht vielmehr in der Steigerung unserer allgemeinen Konkurrenzfähigkeit auf dem Weltmarkt suchen? Und was thun wir dagegen? — wir erhöhen alle Zölle, schrauben alle Fabrikations- und Lebensbedingungen, also alle Produktionskosten herauf und vermindern unsere Exportfähigkeit! Wenn wir den verminderten Export, den uns die Zollerhöhung des dritten Staates verursachte, zu der verminderten Exportfähigkeit addiren, welche wir uns selbst durch die Tarifreform geschaffen haben, heisst das Ausgleichen oder nicht vielmehr Summiren von Nachtheilen? Wo liegt hier die Donquixoterie?

Die abstrakte Konsequenz würde also sogar dahin führen, Zollerhöhungen des Auslands durch fernere eigene Zollherabsetzungen nach Möglichkeit auszugleichen, um durch vermehrten Absatz auf dritten Märkten, den verlorenen Absatz nach dem Lande der Zollerhöhung zu ersetzen. Doch dies würde unter Umständen eine Rücksichtslosigkeit gegen speziell betroffene Erwerbszweige, die ihre Erzeugungs- und Absatzrichtungen vielleicht nur langsam in andere Bahnen lenken können, und nebenbei auch ein taktischer Fehler für fernere Verhandlungen mit dritten Staaten sein. Geht die Strömung im Ausland der Handelsfreiheit entgegen, so sollten wir, Gewehr bei Fuss, warten, bis der Rückschlag eintritt, der uns dann auch wieder gestatten wird, mit den weiteren eignen Zollherabsetzungen solche von dritten Staaten zu erkaufen, — so Vortheil zu Vortheil summirend. 1879 ging man, in der Kündigung der bestehenden Handelsverträge und Heraufschraubung des ganzen Tarifs, den entgegengesetzten Weg. Ob er zum Heil führen wird, bleibt abzuwarten.

Bei dieser Gelegenheit müssen wir auch den seltsamen, im Reichstag vorgebrachten, Behauptungen entgegen treten, als sei bei internationalen Verträgen stets Einer von beiden Staaten der Betrogene. Diese Ansicht ist eben nur vom rein merkantilistischen Standpunkt aus möglich, die Einfuhr als Schaden, Ausfuhr als Nutzen betrachtet. Man kann die Unterhandlungen mit dritten Staaten geschickt oder ungeschickt führen, kann gegen die eignen Zollherabsetzungen mehr oder weniger an Gegenkonzessionen erlangen. Allein da jede Zollherabsetzung des eignen, wie des fremden Staates, ein Vortheil für beide Theile ist, so kann es sich stets nur um Summirung kleinerer oder grösserer Vortheile, niemals, wenn auch die Konzessionen und Gegenkonzessionen durchaus nicht gleichwichtig waren, um ein Ueberwiegen von Nachtheil oder gar um Uebervortheilung des Einen Theils handeln. Würde nicht jede autonome Herabsetzung eines Tarifsatzes, im Lichte jener verkehrten Anschauung, als Selbstbetrug erscheinen? Eigene Zollherabsetzungen öffnen uns (durch die Ermässigung unserer Produktionskosten) die fremden Länder indirekt, Zollherabsetzungen des Auslands öffnen sie uns direkt, — das ist der ganze Unterschied.

Werfen wir aber schliesslich einen Blick auf die Zukunft der internationalen Vertragspolitik, so will uns bedünken, als hätten sich alle bisherigen Systeme überlebt, als zeigten sie sämmtlich die facies hypocratica. Die Differentialzollverträge, zwischen einzelnen Staaten, wie z. B. zwischen dem Zollverein und Oesterreich im Jahre 1853, sind schon zolltechnisch sehr bedenklich geworden, da sie, bei der Ausbildung unserer Verkehrssysteme, im Wesentlichen auf Ursprungszeugnisse basirt werden müssen, die dann einfach die Umgehung im Gefolge haben. Auch stehen diese Verträge mit der, das neue Vertragsrecht seit 1860 beherrschenden Klausel der meistbegünstigten Nation im Widerspruch, die z. B. wie sie im Frankfurter Friedensvertrag enthalten ist, das entschiedenste Hinderniss bildet, um zwischen Oesterreich und Deutschland wiederum ein engeres Zollbündniss abzuschliessen, so sehr augenblicklich beiderseits Neigung dazu vorhanden scheint. Bündnisse mit der Klausel der meistbegünstigten Nation, deren Zollsätze dann aber sofort in die autonomen Tarife übergehen, — also unsere Vertragsbasis aus den sechziger Jahren, bieten schliesslich noch die einzige praktische Grundlage zu ferneren derartigen Vereinbarungen. Solche Bündnisse aber können, wenn sie irgend tiefergehende Bedeutung haben sollen, nur in den Zeiten einer allgemeinen freisinnigen Strömung abgeschlossen und aufrecht erhalten werden.

Und in dieser Abhängigkeit von den wechselnden handelspolitischen Strömungen liegt gerade der wunde Punkt unseres internationalen Vertragswesens. Die Erfahrung unserer Tage, die Wandelungen insbesondere, welche unsere verschiedenen Vertragsverhältnisse zu Oesterreich seit 1853 durchgemacht haben, zeigen zur Genüge, welche geringe Garantie der Dauer alle diese Verträge in sich schliessen. Auf die Dauer aber kommt es in erster Linie für Kapital, Industrie und Handel an, die sich auf die neuen Verkehrswege einzurichten haben; erst in zweiter Linie steht der Betrag der erlangten Zollherabsetzungen. Die Grenzdistrikte insbesondere leiden am stärksten unter solchem Wechsel der Beziehungen zum Nachbarland, das ihm bald näher gerückt, bald weiter entfernt, bald geöffnet, bald geschlossen wird. Das häufig wiederkehrende Elend in Schlesien führt sich, zum Theil jedenfalls, auf die beiderseits verrammelten Grenzen, auf den häufigen Wechsel in den Zollverhältnissen durch Vertragsänderungen und Tariferhöhungen, sowie auf die Schwankungen der russischen und österreichischen Papiervaluten zurück. Jeder Abbruch irgend eines Vertragsverhältnisses vernichtet einen grossen Theil des Nutzens, welchen es, während seiner Dauer, gebracht hat. Stabilität der Grundlagen ist die Seele des Erwerbswesens. Lieber gar keinen Vertrag schliessen, als einen solchen, der, wenn auch formell auf bestimmte Zeit abgeschlossen, nicht die moralische Garantie der Dauer in sich trägt. Und diese Garantie gewähren erfahrungsmässig die bisherigen Vertragssysteme nicht; überall stehen wir vor gekündigten oder in der Kündigung begriffenen Verträgen, weil die Strömung von 1879, der Strömung der sechziger Jahre entgegengeht.

Ob man die internationalen Verträge nicht einmal von einer anderen Seite anfassen sollte? Man bemüht sich bis jetzt vergebens, durch Verträge von Staat zu Staat, die Schutzzölle von oben abzutragen, handelt und feilscht um einzelne Tarifsätze. Wenn man es einmal von unten versuchte, sich einer, auf volle Gegenseitigkeit gegründeten internationalen Verkehrsfreiheit zu nähern, indem man zunächst dasjenige dauernd in Sicherheit brächte, worüber — wenn Deutschland erst von seiner gegenwärtigen agrarischen Verirrung zurückgekommen sein wird — alle Kultur- und Handelsvölker zu fast übereinstimmenden Ansichten gelangt sind, also z. B. die Zollfreiheit der nothwendigsten Lebensbedürfnisse, der Roh- und Hülfsstoffe für die Industrie, und so vieler minder wichtigen und doch in ihrer Mannigfaltigkeit zu bedeutenden Gesammtmengen anwachsenden Einfuhrgegenstände; ferner Abschaffung aller noch bestehenden Ausgangs- und Durchfuhrzölle, wo möglich auch der Differentialzölle nach der Flagge oder nach der Herkunft der Waare. Fortschreitend würde man sich dann allmählig den Halbfabrikaten nähern, vielleicht zuerst Maximalprozentsätze vom Werth festsetzen und so von unten bis zu der Grenze fortschreiten, wo für den einzelnen Staat die Nothwendigkeit beginnt, für ein bestimmtes wirthschaftliches und finanzielles System freie Hand zu behalten. Zollkartelle, Vereinbarungen über das so wichtige Abfertigungsverfahren im Schiffs- und Eisenbahnverkehr und andere den internationalen Handel betreffende Maassregeln, z. B. Verhütung der Einschleppung von Viehkrankheiten, würden der Verkehrsfreiheit ebenso wichtige Dienste leisten. Auch auf humanitärem Gebiet liegen grosse, die Volkswirthschaft berührende Aufgaben vor, z. B. die Regelung der Frauen- und Kinderarbeit. Und sollten wir ewig internationaler Vereinbarungen entbehren, um die Pest des Verkehrslebens, die unbeschränkte Ausgabe von Papiergeld und ungedeckten Noten, wodurch der betreffende Staat alle Nachbarländer in Mitleidenschaft zieht, einzuschränken? Auch der Rechtsschutz im internationalen Verkehr harrt in vieler Beziehung der Vereinbarung über gemeinsame Grundsätze. Solche Verträge würden sich, wie der, Deutschland's Initiative entsprungene Weltpostvertrag, allmählig auf alle Handelsstaaten ausdehnen können und eine Garantie unbegränzter Dauer in sich bergen. Die gesicherte Gleichmässigkeit der wesentlichsten Produktionsbedingungen, würde dann allmählig die Nothwendigkeit wesentlicher Zollverschiedenheiten in den höheren Stufen abschwächen und somit, wo keine Abschaffung von Zöllen zu erreichen ist, wenigstens auf eine grössere Gleichmässigkeit der Tarifbelastungen hinwirken. Solche Vereinbarungen, bescheiden in ihren Anfängen, würden ihre anziehende Kraft schon von selbst ausüben und die

Garantie der Dauer in sich tragen, da sie dem Interesse keines Staates und keiner handelspolitischen Partei zuwiderlaufen. Sollte die Durchführbarkeit dieses Plans eine grössere Utopie sein, als noch vor zehn Jahren die Idee eines Weltpostvertrags erschienen wäre? Es kommt nur auf die starke und geschickte Hand an, die ihn hoffentlich dereinst anfassen wird.

VI.

Die Heilung des Nothstands.

Wir haben oben das Dogma von der Heilung des Nothstands durch Zollerhöhungen als den Ursprung der reaktionären Bewegung von 1879 hingestellt. Macht auch ein Dogma auf logische Entstehungsweise keinen Anspruch, so verfehlten doch viele Redner nicht, selbstverständlich ohne jede Spur einer materiellen Begründung, die Entstehung des Nothstands den freisinnigen Tarifreformen der sechziger Jahre ohne weiteres in die Schuhe zu schieben. Man sollte in der That kaum glauben, wie Jemand so verblendet sein kann, Angesichts eines über die halbe Welt, über Länder aller handelspolitischen Systeme gleichmässig verbreiteten Nothstands, die Handelspolitik überhaupt für solche Krisen verantwortlich machen zu wollen. Sie kann einigermassen auf Verschärfung oder Milderung einwirken; allein die Entstehungsursachen der Krisen liegen so weit ab vom Gebiete der Zollpolitik, dass selbst die extremsten Gegensätze kaum einen äusserlich erkennbaren Einfluss auf deren Höhe oder Verlauf ausüben. Wer will entscheiden, ob die Krisis am heftigsten in dem hoch-schutzzöllnerischen Amerika, in dem ganz freihändlerischen England, oder in Deutschland und Oesterreich, deren Zollsysteme zwischen Beiden in der Mitte standen, gewüthet hat? Und wenn Frankreich unstreitig am Wenigsten gelitten, so liegen hierfür die Ursachen auf der Hand. Die Krisen sind in der Regel Rückschläge von sogenannten glänzenden Zeiten, die man richtiger als „ungesunde Spekulationsperioden“ bezeichnen sollte. In Frankreich hatte nun der unglückliche Krieg, den spekulativen Aufschwung der Jahre 1871/73 mitzumachen nicht gestattet, folglich blieben ihm auch die Opfer des Rückschlags erspart, wenigstens soweit, als es nicht von den andern Ländern in Mitleidenschaft gezogen wurde.

Die Krisen sind unvermeidliche Krankheitserscheinungen des wirthschaftlichen Entwicklungsgangs, welcher sich stets in stärkeren oder schwächeren Wellenlinien bewegt. Jede Krise besteht in der Regel aus einer aufwärts und einer abwärts gehenden Bewegung. Der Sprachgebrauch bezeichnet bloss die Letztere, d. h. die Zeiten der unnatürlich gedrückten Preise, als Krise; allein da sich diese nur selten aus ruhigen, normalen Zeiten heraus entwickeln, sondern in der Regel die naturnothwendigen Rückschläge von unnatürlichen Preiserhöhungen, übertriebenen Spekulationen und verstärkter unproduktiver Konsumtion bilden, so gehören sie, als zwei Symptome derselben Krankheitserscheinung, zusammen. Die Baisse-Krisis zerstört nur die fiktiven Werthe, welche die Hausse-Krisis geschaffen hatte; Letztere trifft in erster Linie den Konsumenten, Erstere den Produzenten. Die Hausse von 1871/73 hatte schon die Baisse von 1875/79 im Leibe. Der Pendel schlägt nach einer Seite so weit aus, wie früher nach der andern, und wenn die Perioden der gedrückten Preise länger zu dauern pflegen, als die Hausseperioden, so liegt dies in dem Umstand begründet, dass die Preisaufschläge unbegränzt, die Abschläge dagegen durch die Linie der niedrigst-möglichen Produktionskosten (die nur ausnahmsweise und für kurze Zeit unterschritten werden kann) beschränkt sind; die Haussen sind daher in der Regel kürzere hitzige Fieber, die Baissen langsam dahin schleichende Krankheiten. Und wenn jede Krisis nach oben oder unten allmählig den objektiven Boden verlässt und zu einer subjektiven Zerrüttung der wirthschaftlichen Anschauungen führt, so fragt sich noch, ob der blinde Optimismus der sogenannten glänzenden Perioden, oder der lähmende Pessimismus unserer Tage als schlimmere Symptome zu betrachten sind und welche Periode schlimmere Folgen hinterlassen hat oder wird*). Alle Kapitalzerstörung der letzten Jahre gehört unstreitig der soge-

*) Näheres über die Charakteristik und Entstehung der Krisen in der schon erwähnten Schrift des Verfassers über „die wirthschaftliche Krisis.“

nannten glänzenden Zeit an, wenn sie auch erst in der schlechten Zeit zum Ausdruck kam.

Die Ursachen unserer kritischen Bewegungen seit 1871 liegen klar vor Augen. Die allgemeine Lage war günstig; auf die Zollreformen von 1865 (wenn auch gewiss nicht ausschliesslich ihr Werk) waren fünf Jahre ruhiger, gleichmässiger Entwicklung gefolgt, — normale Jahre von denen man, wie von guten Frauen, am wenigsten spricht. Dann kam der glückliche Krieg und brachte uns ein übertrieben gehobenes Nationalbewusstsein, ein starkes Arbeitsbedürfniss zur Wiederherstellung des Zerstörten, den Milliardensegen, fehlerhafte finanzielle und wirthschaftliche Dispositionen der Regierung, eine Ueberschwemmung mit ungedeckten Banknoten und endlich die erste ominöse Erprobung des Aktiengesetzes von 1870, welches in kolossalem Maassstab Kapitalien und Kräfte in unwirthschaftliche Bahnen riss. Dazu die sociale Bewegung, mit ihrem Gefolge von Faulheit und allseitigem Rückgang der individuellen Arbeitsleistung, zugleich aber unvernünftiger Steigerung des unproduktiven Verzehrs. Sind hier nicht die handgreiflichsten und ausreichendsten Erklärungsgründe für die Hausseperiode von 1871/73 gegeben, und zugleich für die Nothwendigkeit des Rückschlags, in dem wir seitdem leben? Spielte die Zollpolitik von 1865/70 bei dieser mächtigen Bewegung irgend eine nachtheilige Rolle? Ist es nicht namentlich widersinnig, gerade die *Zollherabsetzungen* der sechziger Jahre für die Nothlage verantwortlich zu machen, wo doch unläugbar die Krisis von der *Ueberproduktion*, von der unvernünftigen Ausdehnung vieler Hauptgewerbe, den Ausgangspunkt nahm? Kann Herabsetzung oder Aufhebung eines Schutzzolls zur *übertriebenen Ausdehnung* eines Gewerbes anspornen? Der Schutzzöllner, der solches behaupten würde, schlüge mit dieser Anschuldigung alle Gründe todt, die er bisher *für* die Schutzzölle anführte. In Amerika kann man die übertriebenen Schutzzölle weit eher als Grund für Verschärfung der ebenfalls aus bestimmten Ueberproduktionen entstandenen Krisis anführen; bei uns darf aber doch nicht das *gegentheilige* System dafür verantwortlich gemacht werden. Die Wahrheit ist, dass bei so enormen Steigerungen der Nachfrage, die Preise in einem Grade steigen, der jede Wirkung der Zölle, der niedrigen, wie der hohen verschwinden macht. Der höhere Zoll kann die Spekulation in bestimmten Zweigen noch etwas mehr spornen, die Zollfreiheit kann etwas zurückhalten; allein ausschlaggebend ist in solchen tollen Zeiten keins von beiden Systemen. Die gestörte wirthschaftliche Bewegung macht nicht eher Halt, bis Wirkung und Gegenwirkung sich erschöpft haben.

Hat also die Zollpolitik von 1865 die Ueberstürzungen von 1871/73 nicht verschuldet, so ist es widersinnig sie für die unausbleiblichen Folgen jener Ueberstürzung, für die jetzige Kalamität, verantwortlich machen zu wollen.

Nun sagen aber Viele: „Mag sein, dass die Zollpolitik von 1865 nicht Schuld an dem früheren Schwindel und an der jetzigen traurigen Lage ist. Aber erhöhte und verallgemeinerte Schutzzölle würden gegenwärtig die traurige Lage beseitigen, den Nothstand mildern können.“ Diese Behauptung, in's Dogmatische übersetzt, war ja auch, wie wir gesehen haben, das treibende Motiv in der ganzen Reformbewegung.

Die Antwort hierauf kann eigentlich schon die Logik ertheilen. Hat die Herabsetzung der Zölle von 1865 die Nothlage nicht herbeigeführt, so kann auch die Wiedererhöhung der Zölle bis auf jenes Niveau (dies war bekanntlich der officielle Zielpunkt für die Varnbüler'sche Rückwärtsbewegung) die Nothlage nicht wieder beseitigen.

Von diesem, in seiner Allgemeinheit unbedingt richtigen Satz, kann man allerdings Ausnahmen zugeben, wenn man sich auf den Boden eines einzelnen Gewerbes stellt, wie dies ja die Produzentenschule durchweg thut. Man kann z. B. zugeben, dass die Lage der Eisenindustrie, wenn die Zollsätze von 1870 noch bestanden hätten, in den letzten zwei Jahren (vor 1878 hielt die innere Konkurrenz die Preise von selbst unter den damaligen höheren Preisen des Auslands) vielleicht eine etwas erträglichere gewesen wäre. Allein ruft man sich die vorhergegangenen Auseinandersetzungen zurück, wie jede Einfuhrbeschränkung zu entsprechenden Ausfuhrbeschränkungen führen muss, so stellt sich vom Standpunkt des allgemeinen Interesses wieder heraus, wie jene Erleichterung des Eisengewerbes nur eine Verschiebung zu Ungunsten anderer Gewerbe oder höherer Stufen desselben Gewerbes, keine Besserung der allgemeinen Nothlage zur Folge haben konnte. Die Berechtigung hierzu kann ja in diesen und einzelnen anderen Fällen zugegeben werden; allein eine Heilung, oder nur Besserung der allgemeinen Nothlage durch Zollerhöhungen ist undenkbar. Der Umstand, dass Zölle die Ausfuhr in gleichem Maasse schädigen, wie die Einfuhr, also das Quantum der nationalen Arbeit nicht vermehren können, zerstört jede Möglichkeit durch Zollerhöhungen Nothlagen zu beseitigen. Man kann nur die Noth von einem Platz auf den andern schieben, sie vertheilen, im einzelnen Fall erträglicher machen; aber das Gesammt-Resultat wird stets eine den Störungen und Verschiebungen entsprechende Minderproduktion an Werthen, niemals eine Vermehrung derselben sein.

Es kommt aber noch ein besonderer Umstand hinzu, welcher selbst die Möglichkeit, einzelnen Gewerben durch Zollerhöhungen die Nothlage zu erleichtern, wesentlich beeinträchtigt. Nothlage ist gleichbedeutend mit übermässiger Konkurrenz, übermässigem Angebot, verminderter Nachfrage, als deren Resultat dann die kritische Preisherabsetzung eintritt. Findet nun eine Zollerhöhung statt, so kann allerdings die innere Konkurrenz zunächst etwas gemildert, die Nachfrage um den Betrag der verminderten Einfuhr verstärkt werden. Allein da alle Werke, von guten Zeiten her, auf grössere Produktionsfähigkeit eingerichtet waren, so folgt die Produktion in der Regel der gestiegenen Nachfrage sofort nach und somit wird sehr bald die gleiche Intensität der inneren Konkurrenz, also auch, annähernd wenigstens, der gleiche Preis wieder hergestellt, der vor der Zollauflegung stattfand. Tritt nun noch, wie in der Regel (und, wenn die Zollerhöhung Rohprodukte oder Halbfabrikate traf, immer) der Fall sein wird, ein nachtheiliger Einfluss auf den Export und eine entsprechend verschärfte Konkurrenz im Ausland hinzu, so leuchtet ein, wie eine Zollerhöhung in Nothlagen nur eine verhältnissmässig geringe Wirkung auf die Preise, wie auf den Produktionsumfang ausüben kann. Ganz anders stellt sich die Sache in günstigen Zeiten verstärkter Nachfrage, wo also die Preise durch vermehrten Verbrauch, nicht durch Zurückdrängung eines bestimmten Quantums der Einfuhr steigen. Sie gestatten es viel leichter, den mit der Konjunktur steigenden Preisen auch noch den Zollbetrag zuzuschlagen, und zwar um so leichter, als auch in günstigen Zeiten die Konkurrenz des Auslands soviel schwächer, als in Nothlagen stärker auftritt. Die, für Perioden allgemeiner Krisen, oben als richtig zugestandene gegnerische Behauptung: „Der Ausländer trage ganz, oder zum Theil den Zoll", enthält in ihrer logischen Konsequenz die unumwundene Anerkennung, wie in Nothlagen die Konkurrenz des Auslandes sich um einen Theil, unter Umständen den ganzen Betrag des Zolls verstärken, also die beabsichtigte Wirkung des Schutzzolls für Preissteigerung und Absatzvermehrung aufheben kann. Wenn der Schutzzoll also, in Nothlagen, helfen soll, versagt er; wenn er, bei günstigen Konjunkturen, unnöthig erscheint, wird er den ohnedies lohnenden Preisen noch voll zugeschlagen. Diese nicht in Abrede zu stellende verschiedene Einwirkung des Schutzzolls, je nach der günstigen oder ungünstigen allgemeinen Konjunktur, kommt besonders bedeutungsvoll bei der Frage von den Zöllen auf die unentbehrlichsten Lebensbedürfnisse zur Sprache. Hiernach wird in Zeiten einer Theurung des Getreides unbedingt der Preis sich noch um den vollen Zollbetrag steigern; bei sehr niedrigen Getreidepreisen, also starkem Angebot (wo es also der Konsument am ehesten ertragen könnte, der Produzent am meisten wünschen müsste), wird jedenfalls nur eine weit geringere Preissteigerung durch den Zoll ermöglicht werden. Die Betrachtung, wie wenig man in einer Nothlage selbst einzelnen Gewerben durch Zollerhöhungen helfen, die gesammte nationale Arbeit aber immer nur vermindern kann, führt unmittelbar zu dem Schluss, wie die Rücksicht auf Heilung der Nothlage zur Begründung der Tarifreform von 1879 durchaus kein Material zu liefern vermag, wie diese Heilung vielmehr, durch die zahllosen Verschiebungen der hergebrachten Erwerbs- und Gewinnverhältnisse, nur erschwert und verzögert werden kann. Die Nothlage hätte den wichtigsten Grund abgeben müssen, an den gegebenen Verhältnissen nicht zu rütteln, höchstens einzelne Tarifsätze zu modifiziren. Und somit ist den vorhergegangenen Beweisführungen der Schlussstein eingefügt, wonach positive wirthschaftliche Systeme niemals auf die Symptome und Ausnahmeerscheinungen von Nothlagen gegründet werden können.

Um einen klaren Blick zu gewinnen, thut es manchmal gut, einen anderen Standpunkt aufzusuchen, der über der „Logik des Falls" steht. Alles seufzt nach Verdienst, nach Arbeit, nach besseren Preisen. Da kommen Regierung und Reichstag und legen Steuern und Zölle auf, und vertheuern direkt und indirekt alle Lebensbedürfnisse und Waaren um Hunderte von Millionen. Und das soll helfen! Gehört nicht in der That die ganze Begriffsverwirrung wirthschaftlicher Kasuistik dazu, um zu einem Standpunkt zu gelangen, von dem aus man die Dinge auf dem Kopf stehen, Belastung in Vortheil umschlagen sieht? Darf man nicht rückwärts von der handgreiflichen Unnatur einer Anschauung, auf die Unrichtigkeit des Standpunkts schliessen? Wenn sächsische Handelskammern die heilbringenden Erfolge der russischen und österreichischen Banknotenwirthschaft und Valutaentwerthung für die Hebung der dortigen Industrien hervorheben, beweist dies etwa, dass die Papiergeldwirthschaft heilsam, oder aber das Prinzip, von welchem diese Anschauung ausgegangen, faul sei? Es ist ewig dieselbe trügerische Identifizirung des Privat-Interesses, welches die Gegenwirkung unberücksichtigt lässt, mit dem allgemeinen Interesse. Das Gute kann nicht auf faulem Grund gewachsen sein; die Falschheit der Schlussfolgerung bedingt die Falschheit der Prämisse.

Unsere gegenwärtige Nothlage ist längst von den speziellen Gebieten, auf denen sie ursprünglich entstand, in's Allgemeine übergetreten, ist zu einer psychologischen Krankheit geworden, die in der Lähmung der wirthschaftlichen Kräfte besteht. Der allgemeinen Entwerthung der Dinge und Dienste, folgte die allgemeine Einschränkung der Konsumtion und des Unternehmungsgeistes, deren natürliche Folge wieder die Einschränkung der Produktion war. Soll die Lähmung verschwinden, so müssen wieder Konsumtion und Unternehmungsgeist den Vortritt nehmen. Nicht der Produzent, der in Folge der Zölle zu höheren Preisen anbietet, sondern der Konsument, die Unternehmer, welche durch steigende Nachfrage die Erzielung und Gewährung höherer

Preise möglich machen, müssen den Weg aus dieser Nothlage anbahnen. Die Konsumtion, mit ihrer begränzten Kontraktions- und ihrer unbegränzten Expansionsfähigkeit, ist das Maassgebende in der Volkswirthschaft. Zu deren Wiederbelebung kann allerdings der formelle Abschluss der Reformwirren, ob gut oder schlecht, beitragen, da der Boden unter den Füssen, wenn auch rauher und unebener als bisher, doch wieder feststeht, Vorausberechnungen, die feste Verhältnisse zur Voraussetzung nehmen, doch wieder möglich sind. Aber der Inhalt der Reform kann der Vorwärtsbewegung, die sich nach statischen Gesetzen der Volkswirthschaft, nicht durch den Tarif von 1879, Bahn zu brechen beginnt, nur hindernd entgegen treten, den Aufschwung verkümmern.

Der Rückschlag nach unten ist offenbar erschöpft; ein Fach nach dem andern, wenn auch zum Theil langsam und mit Unterbrechungen und bis jetzt mehr durch Rückwirkungen vom Ausland, als durch eine Vermehrung der inneren Nachfrage und Konsumtion beeinflusst, lenkt wieder in bessere Bahnen ein. Diese Aufwärtsbewegung ist ebenso naturnothwendig, wie früher die Rückwärtsbewegung nach 1874. Keine Tarifreform, selbst eine noch schlimmere als 1879, könnte dieselbe aufhalten, denn die Konjunktur, die wirthschaftliche Massenbewegung, ist viel einflussreicher als die Tarifpolitik. Nun ist aber nichts natürlicher — Herr von Marschall protestirte schon in der Sitzung vom 6. Mai 1879 dagegen —, als dass unsere Gegner die unausbleibliche, wenn auch relativ durch den Tarif gehemmte Aufwärtsbewegung, in deren Anfang wir bei verschiedenen Zweigen schon seit Mitte 1878 eingetreten waren, auf Rechnung der Tarifreform setzen werden. Dies Vergnügen können wir ihnen jedoch wesentlich verbittern, wenn wir bei jedem einzelnen Gewerbe, das sich zu heben beginnt, die speziellen Ursachen des Aufschwungs untersuchen. Die Publizistik wird für diese Beleuchtung schon sorgen, ebenso wie für den exakten Nachweis der Vertheuerungen, die als Folgen der Zölle anzusehen sind. Einstweilen ist der bedeutende Aufschwung der Eisenindustrie nur den Anregungen vom Ausland zu verdanken, wo Amerika, trotz seiner prohibitivartigen Zölle, fremdes Eisen und Stahl in Massen zu beziehen gezwungen ist. Beim Leder und

Getreide ging die Preissteigerung ebenfalls von dorten aus. Und in der Textilindustrie hatte umgekehrt, im Sommer 1878, also unter dem alten Tarifsystem, der Aufschwung erfreulich begonnen. Die Aussichten auf höhere Zölle haben aber nicht gehindert, dass auf diesen Gebieten wieder in mehreren Zweigen temporär ein Rückgang stattfand. Der Aufschwung des Kohlenbergbaues aber hat nichts mit dem Tarif zu thun, da auf diesem Gebiet glücklicherweise die Zollfreiheit bestehen blieb. Die Konjunktur ist eben mächtiger als der Tarif.

Eine Preissteigerung durch den Tarif ist niemals ein Symptom eingetretener oder nothwendig folgender Vermehrung der Nachfrage, sondern nur eine Verschiebung, die im günstigsten Falle die Konsumtionskraft des Konsumenten nicht stärker, jedenfalls aber gleich stark schädigt, wie sie die des Produzenten vermehrt. Preissteigerungen, als Folge der Konjunktur, bedeuten aber eine stattgehabte Vermehrung der Nachfrage, sind also ein Zeichen bereits eingetretener wirthschaftlicher Vorwärtsbewegung. Dasselbe äussere Symptom hat also im ersten und zweiten Fall total verschiedene Grundlage und Bedeutung.

Mit der abnehmenden Nothlage wird sich denn auch eine richtigere Erkenntniss einstellen, welchen Uebertreibungen sich in dieser Beziehung die pessimistische Vorstellung hingab. Sie beruhen auf einer Verkennung der allgemeinen Bedeutung einer Nothlage für den gesammten National-Reichthum. Dieselbe muss nämlich naturgemäss für's Ganze eine weit geringere sein, als für die Einzelnen, die speziell darunter leiden. In den glänzenden Zeiten litten die Konsumenten, in der Nothlage die Produzenten. Der National-Oekonom rechnet mit anderen Zahlen als der Privatmann. Der Einzelne macht seinen Gewinn an den einzelnen Transaktionen, an den Unterschieden der jeweiligen Produktionskosten und der Verkaufspreise; der National-Oekonom dagegen rechnet nach den bleibenden Werthen. Hat z. B. 1873 ein Eisenwerk den Schienenstrang einer Eisenbahn mit 180 M. p. 1000 Pfd. und 1879 den zweiten Strang zu 60 M., also zu einem Drittheil geliefert, so brachte diesem Werk das erste Geschäft bedeutenden Gewinn; das zweite Schaden. Für die Eisenbahngesellschaft steht es genau umgekehrt; sie bezahlte den ersten Strang über, den zweiten unter den Werth, hatte also Nutzen, wo das Werk Schaden machte, und umgekehrt. Vom Standpunkt der National-Oekonomie aber sind beide Stränge vollkommen gleichwerthig. Bei jenen hohen Preisen war der den natürlichen Werth übersteigende Preis für das Eisenwerk ein reeller, für das nationale Vermögen ein fiktiver Gewinn; bei den niedrigen Preisen dagegen machte im zweiten Fall das Werk Schaden, während dem National-Vermögen ein höherer Werth zuwuchs, als der von der Eisenbahn gezahlte Preis betrug. Es folgt hieraus, wie, vom Standpunkt des Allgemeinen, die Bilanz glänzender und schlechter Zeiten sich weit weniger unterscheidet, als die Summe der Bilanzen der Produzenten. Diese stehen in glänzenden Zeiten höher, allein ein Theil der Werthe ist nur fiktiv, — in schlechten Zeiten niedriger, allein ein Theil der Werthe ist nur latent. Die normalen Zeiten, mit ihren, den natürlichen Werthen entsprechenden Durchschnittspreisen, zerstören die fiktiven Werthe der glänzenden Zeiten und bringen die latenten Werthe der schlechten Zeiten zur Geltung. Damals war ein Theil der gestiegenen, gegenwärtig ein Theil der gesunkenen Werthe fiktiv, und ist die Nothlage überwunden, so zeigen sich zwar grosse Verschiebungen im Vermögen der Einzelnen, allein das National-Vermögen, die Summe der Kapitalien und Kräfte, nach ihrem wirklichen Werth eingeschätzt, ist wenig verändert, möglicherweise sogar mehr vorgeschritten, als in den sogenannten glänzenden Zeiten. Jedenfalls geht die subjektive Produktionskraft bedeutend erweitert und gestärkt aus der Krise hervor; Arbeitsamkeit, Nüchternheit, Sparsamkeit, Scharfsinn haben auf allen Gebieten die Produktionskosten herabgebracht, die individuelle Leistung erhöht. Die kommenden Zeiten werden den Segen davon ernten.

Dieser tröstlichen Betrachtung über den ungefährdeten Nationalreichthum entspricht auch ein Blick auf die Einnahme-Ueberschüsse guter und schlechter Zeiten. Hört man die aller Orten aus allen Produktionsgebieten heraus ertönenden und in sich vollkommen gerechtfertigten Klagen, über stockenden Verdienst, Arbeitslosigkeit, Mangel und Noth, so sollte man glauben, das Einkommen der Gesammtheit sei vielleicht auf die Hälfte reduzirt. Und wirft man nun den Blick in die Steuerlisten, in die Spaarkassen-Abschlüsse, die Armenrechnungen, so tritt die, auf den ersten Anschein überraschende Thatsache hervor, wie die steuerpflichtigen Einkommen, die Sparkassen-Einlagen u. s. w. auch während der Krisis, statt bedeutend abzunehmen, in fortwährendem Wachsen geblieben sind*) und die Nothwendigkeit der Armenunterstützungen sich wenig verändert hat. Millionen, deren festes Einkommen keine Veränderung erlitt, die in den sogenannten glänzenden Zeiten, unter der allgemeinen Vertheuerung, die äusserste Noth litten, befanden sich umgekehrt in den schlechten Zeiten in weit besserer Lage; während viele in der Steuer herabgesetzt werden mussten, konnten diese erhöht werden. Und was hierduch noch nicht seine Ausgleichung fand, ergänzte, innerhalb der Zahl der Nothleidenden selbst, die ausserordentliche Einschränkung des unproduktiven, des freiwilligen und luxuriösen Verzehrs, so dass manche Verminderung der Einkommen weitgehend durch Sparsamkeit ausgeglichen ward und so die frühere Steuerkraft erhalten blieb.

Alle diese Betrachtungen berechtigen zu der Erwartung, dass die Besserung, wenn einmal begonnen, weit rascher uns wieder emporbringen wird, als die niedergeschlagenen Hoffnungen gegenwärtig noch zu träumen wagen. Die Zollerhöhungen können und werden die Noth nicht heilen, wohl aber wird das spontane Walten der wirthschaftlichen Kräfte, trotz der Tarifreform, die gestörte Harmonie auf allen Gebieten wieder herstellen und dann hoffentlich eine längere Pause der Ruhe, des Gleichgewichts zwischen Produktion und Konsumtion herbeiführen. Je langsamer der Aufschwung sich vollzieht, desto grössere Garantie der Dauer bietet er.

Künftige Krisen zu vermeiden, liegt ebenso wenig in der Macht des Staates, als ausgebrochene Krisen zu heilen. Wohl aber kann die Gesetzgebung Manches thun, um vorzubeugen und überhaupt den wirthschaftlichen Fortschritt zu fördern.

Der wirthschaftliche Fortschritt beruht in erster Linie auf dem allgemeinen Kulturfortschritt der Menschheit, auf der Aus-

*) Siehe hierüber Soetbeer's neueste Schrift: „Umfang und Vertheilung des Volkseinkommens im Preussischen Staat 1872—1878." Leipzig 1879.

bildung der Menschen. Der Abgeordnete Völk hatte diesen Zusammenhang nicht gewürdigt, als er so leichthin von der Entlassung Falk's sprach. Keine spezifisch handelspolitische Maassregel ist denkbar, welche auf die Dauer auch einen so wohlthätigen wirthschaftlichen Einfluss haben könnte, als die Steigerung des allgemeinen Niveaus intellektueller, sittlicher und religiöser Bildung, wobei wir allerdings die Religion nicht im Sinne der Dogmenkrämer auffassen. In zweiter Linie kommt sodann die wirthschaftliche Fachbildung, und, als Grundlage derselben, die obligatorische Einführung des volkswirthschaftlichen Unterrichts in allen Lehranstalten, bis zur Volksschule herab; mit letzterem Beispiel ging Belgien bereits voran. Der Trieb des Einzelnen, Geld zu verdienen, gleichviel woran und worin, wird sich zwar sicherlich im einzelnen Fall niemals allgemeinen volkswirthschaftlichen Gesetzen, und seien sie auch klar erkannt, unterordnen. Der Börsenjobber lacht sicherlich darüber, wenn man ihm nachweist, dass Differenzspiele unwirthschaftlich und schädlich seien. Allein für die Verwendung der Kapitalien zu neuen Unternehmungen, für die grossen Linien des Geschäftsbetriebs, für die Voraussicht künftiger Veränderungen des Waaren- oder Geldmarkts, für die Vorausberechnung von Rückschlägen zum Guten oder Schlimmen u. s. w., kann die Kenntniss der National-Oekonomie einem vernünftigen und soliden Menschen, wenn auch selten den alleinigen Führer, so aber doch fast immer eine werthvolle Unterstützung abgeben. Waren die verhängnissvollen Ausschreitungen von 1871—73 möglich, wenn die Spekulation nicht von einem, alle Gesetze der Wirthschaftslehre verläugnenden Optimismus unterstützt, ja getragen wurde? Hätten Tausende so blind gehandelt, wie sie es gethan haben, wenn sie die, aus wirthschaftlichen Gesetzen bestimmt erkennbare Nothwendigkeit eines furchtbaren Rückschlags erkannt, oder nur geahnt hätten? Und würde die Nothlage ihre Höhe erreicht haben, ohne jenen Pessimismus, der gar nicht mehr an das Walten der wirthschaftlichen Kräfte glaubt, der die unbeschränkte Fortdauer von Verhältnissen, wo Tausende von Produzenten ohne Nutzen, ja temporär mit Schaden arbeiten, für möglich hält? Würden z. B. die Vereinbarungen von Produzenten zu Einschränkungen einer den

Bedarf unbedingt übersteigenden Produktion, nicht erleichtert worden sein, wenn dem so schwierig anwendbaren äusseren Zwang der Vereinigung, die klare Erkenntniss hinzugetreten wäre, dass die Selbstkosten durch Steigerung einer, das Maass der Absatzfähigkeit übersteigenden Produktion, niemals in dem Grad ermässigt werden können, in welchem das verstärkte Angebot die Verkaufspreise herabdrücken muss? Die stärkste wirthschaftliche Macht ist die „allgemeine Meinung", und diese kann nur der Reflex der allgemeinen Ueberzeugungen sein; diese, durch Belehrung, in die richtige Bahn zu leiten, ist die erste Aufgabe praktischer Volkswirthschaftslehre.

Daran knüpft sich die weitere Ausbildung obligatorischer Fortbildungsschulen und gewerblicher wie agrarischer Fachschulen. Würtemberg kann uns in dieser Beziehung vielfach als Vorbild dienen. Statt Herrn von Varnbüler hätten wir uns Herrn von Steinbeis von Würtemberg importiren sollen. Nächst Beuth, dem Vater des preussischen Gewerbewesens, entschieden Freihändler wie er, hat sich noch keiner grössere Verdienste um die Ausbildung der gewerblichen Intelligenz und Kraft seines engeren Vaterlands erworben, wie Steinbeis. In dieser Richtung ist im übrigen Deutschland, vor allem aber in Preussen, noch viel zu wenig geschehen.

Auf diesen Weg der Ausbildung des Individuums, führt eigentlich auch die richtige Konsequenz der List'schen Lehren. Das gefährliche derselben für den Laien liegt gerade darin, dass er von unbestreitbar richtigen Prämissen ausgeht, dann aber zu falschen Schlüssen gelangt, oder vielmehr sich in der Wahl der Mittel vergreift. List geht einmal davon aus, dass Kapital und Kraft sich im Gewerbe und Handel ganz bedeutend stärker verwerthen, wie im Ackerbau, zum andern aber, dass die Pflegung der Manufakturkraft, der gewerblichen Vielseitigkeit, die Grundlage der wirthschaftlichen Bestrebungen bilden müsse und die Aufwendung temporärer Opfer rechtfertige. Statt dies nun, als natürlichste Folgerung, auf dem Boden der Subjektivität, der Ausbildung des Menschen, direkt zu erstreben, sucht er, auf objektivem Gebiet, durch einen Umweg, zum Ziel zu gelangen, indem er vom Menschen abstrahirt und nur dem Kapital den Anreiz einer höheren Verzinsung bietet. Als ob man die Krupp's, die Borsig's durch Schutzzölle züchten könnte! Man mache die Menschen konkurrenzfähig; dann bedarf es der Lockungen für's Kapital nicht. Bewährt sich dies nicht überall? Sehen wir nicht überall die Fähigkeit und Tüchtigkeit des Einzelnen die Ungunst allgemeiner Verhältnisse besiegen?

Unser jetziges System ist das umgekehrte Manchesterthum. Wo das laissez faire am Platz wäre, da lässt man eine Tarifkommission ihre Hexenrezepte brauen und greift mit rauhen Händen in das Gebiet ein, wo der Erwerbsinstinkt des Einzelnen, in seiner Freiheit naturgemäss beschränkt durch die gleiche Freiheit der Anderen, die besten und gerechtesten Lösungen findet. Auf dem Gebiet der staatlichen Erziehung und Ausbildung aber, da wo das laissez faire und das laissez aller nicht hingehören, da greift es Platz und lässt den mächtigsten deutschen Staat auf längst verwelkten Lorbeern ruhen. Denn ausser Fortbildungs- und Fachschulen, wie viele andere Mittel und Hebel hat der Staat noch in der Hand, für Förderung gewerblicher Leistung, für Ausbildung der Arbeitgeber und insbesondere auch der Arbeiter! Stellte man hier nur die Millionen zur Disposition, welche die Tarifreform jährlich für verstärktes Zollpersonal, Abfertigungsspesen, Verkehrsstörung und Aufenthalt unproduktiv ins Wasser wirft, was liesse sich, ausser den Fachschulen, nicht alles thun für Preisaufgaben, Prämien für gewerbliche Fortschritte (die Lücken in den Wirkungen des Patentgesetzes ergänzend), Stipendien, Reiseunterstützungen, Beschaffung von Lehrmitteln, gewerbliche Museen, Organisirung des jetzt unnütz ins Kraut schiessenden internationalen Ausstellungswesens u. s. w.

Auch verhalten sich unsere Regierungen noch viel zu fremd den Privaten und Associationen gegenüber, welche Bildung und Besserung des Looses der Arbeiter bezwecken. Die besondere Fürsorge für die Arbeiter, die Verdienste um deren Unterstützung, Ausbildung u. s. w., finden nur ausnahmsweise Anerkennung und Aufmunterung.

Und welches Feld für gedeihliche Wirksamkeit bietet noch die Förderung des internationalen Verkehrs! Statt über England's Krämerpolitik zu spötteln, sollten wir Vieles von ihm lernen, insbesondere die vorwiegende Fürsorge, die es den Beziehungen zum Ausland, der Pflege seiner Handelsinteressen widmet. Fürst Bismarck hat nicht bloss das Ansehen unserer Vertreter im Ausland mächtig gehoben, sondern der Kaufmann oder Gewerbtreibende findet auch jetzt, im einzelnen Fall, eine ganz andere Aufnahme und Unterstützung bei unseren diplomatischen und konsularen Vertretern, wie früher. Auch zielen offenbar die Bemühungen des Reichskanzlers dahin, unseren politischen Einfluss, stärker als sonst, zu Gunsten unserer Handelsinteressen auszubeuten. Leider steht aber unsere Diplomatie diesen Aufgaben noch ganz unvorbereitet gegenüber, wenn unsere Gesandten auch, mit Herrn von Kardorff, „im dritten Verwaltungsexamen einige neugierige volkswirthschaftliche Fragen der Examinatoren glücklich beantwortet haben mögen.“ Und mit Delbrück ist die bedeutendste Kraft im Gebiet des internationalen Vertragswesens aus den Reihen der preussischen Bureaukratie geschieden. Ob es sich da nicht empfehlen dürfte, analog unseren Militärattaché's, den grösseren Gesandtschaften volkswirthschaftliche Attaché's beizugeben, oder wenigstens die Konsuln in den Hauptstädten in organische Verbindung mit den Gesandtschaften zu bringen! Auf diese Weise würde die Erweiterung unserer Handelsbeziehungen und Vertretung unserer Interessen, sowie die Kenntniss der wirthschaftlichen Verhältnisse des Auslands überhaupt, mächtig gefördert und ein Stamm von wirthschaftlich gebildeten Diplomaten herangezogen werden können. Auch dürften die Anforderungen an die Berichterstattungen der Konsuln zu steigern und engere Beziehungen derselben zur Handelswelt anzubahnen sein; hierauf verwandte Kosten würden sich reichlich lohnen.

Diese Bemerkungen sollen nur, an einzelnen Beispielen, darthun, welcher Spielraum einer kräftigen Regierung noch gegeben ist, die Volkswirthschaft auf subjektivem und objektivem Gebiet zu fördern. Ja ein Colbert thäte uns Noth, d. h. ein Colbert, wie dieser grosse Mann seine Aufgabe heute erfassen würde.

Zum Schluss möge auch die Warnung Platz finden, die absolut nothwendige Reform der Aktiengesetzgebung nicht mehr zu verschieben, eine Reform, welche bessere Wahrung der Rechte der Aktionäre und eine weise Einschränkung dieser, in ihrer übertriebenen Anwendung wirthschaftlich so bedenklichen Form der Association, zum Zielpunkt nehmen muss. Schon beginnen die Börsen ein Vorspiel übertriebener, die Besserung des Erwerbslebens kompromittirender Kursspekulation, die uns früher, als man denken möchte, in die Aera der „Gründungen" zurückführen könnte.

Das Gebiet der Eisenbahnpolitik berühren wir hier nicht weiter, als um zu konstatiren, wie die im Reichstag so häufig vernommenen Anklagen gegen die schädliche Wirkung der Differentialtarife, seitdem durch die Denkschrift der Privateisenbahn-Verwaltungen, auf ihr richtiges Maass zurückgeführt worden sind. Im Uebrigen wünschen wir dem Fortgang der Verstaatlichung und der Einführung einer einheitlichen Tarifgesetzgebung den besten Fortgang.

Die Regierungen vermögen also, ausserhalb der Zollpolitik, sehr viel zur Besserung unserer wirthschaftlichen Lage zu thun. Aber deshalb werden sie doch weder künftige Krisen verhüten, noch weniger Krisen durch Zölle heilen. Dies vermag nur das freie Walten der wirthschaftlichen Kräfte, welches jede Ausschreitung, durch die unabweislichen Folgen der Ausschreitung selbst, in das Geleise normaler Entwicklung zurückführt.

VII.

Der Kampf.

In den officiösen, überhaupt den Blättern der siegenden Partei begegnen wir überhäufig der mehr als naiven Zumuthung, den Streit über den neuen Tarif ruhen und die Erfahrung entscheiden zu lassen.

Wenn eine Ansicht, wie die gemässigte freihändlerische, sechzig Jahre ununterbrochen in der Regierung des leitenden Staates und der grossen Mehrheit des Volks, insbesondere auch in dem grössten aller Gewerbe, der Landwirthschaft, die herrschende war, — wenn diese Ueberzeugungen über Nacht, im Drang eines unerhörten Nothstands, und mit Hülfe der unnatürlichsten parlamentarischen Koalitionen in ihr Gegentheil verkehrt werden konnten, so sind dies, unserer Ansicht nach, keine Umstände, die ein ehrerbietiges Zurückweichen der Kritik verdienen, keine Grundlagen, die jenem Umschlag Dauer verheissen.

Es wäre der siegenden Partei allerdings bequem, die unausbleibliche wirthschaftliche Erhebung, die auf jeden Nothstand folgen muss, die theilweise schon begonnen hatte und nur durch die Beunruhigungen der Tarifrevision aufgehalten wurde, ohne Weiteres und unbestritten auf Rechnung ihrer Tarifreform setzen zu können und als „Erfahrung zu Gunsten des neuen Tarifs" hinzustellen. Was bedeuten überhaupt in dem Meer von Einzelfällen, woraus sich die erfahrungsmässigen wirthschaftlichen Gesetze ableiten, ein paar Jahre weiterer „Erfahrung", auf dem beschränkten Raum eines Einzelgebiets gewonnen?

Dagegen halten wir es allerdings für eine patriotische

Pflicht, den unausbleiblichen Kampf des alten und neuen Systems loyal zu führen, ihn nicht durch Aufreizung oder Uebertreibung zu verschärfen. Wir haben schon mehrmals Veranlassung genommen, den falschen Anschauungen und Uebertreibungen entgegen zu treten, welche die meisten parlamentarischen und publizistischen Vertreter beider handelspolitischen Schulen sich bezüglich des Einflusses der Tarifgesetzgebung zu Schulden kommen lassen. Die Tarife sind wesentliche Koefficienten im wirthschaftlichen Leben der Völker, sie können viel schaden und nützen; allein ein Land verarmen machen, seinen Ruin herbeiführen, wie Schutzzöllner und Freihändler so freigebig vom entgegengesetzten System behaupten, — das können sie nicht. Wer nicht vom Parteigeist geradezu verblendet ist, der muss einsehen, wie alle Kulturländer ohne Ausnahme, trotz der entgegengesetztesten Tarifsysteme, trotz der schroffsten Wechsel hierin, unablässig vorwärts schreiten. Nur gewaltsame Störungen, wie z. B. ein grosser Krieg, können das Vermögen eines Landes momentan verringern, nicht das blosse Walten der wirthschaftlichen Kräfte, wenn auch noch so sehr durch Tarife eingeengt oder beeinflusst. Selbst die Krisen machen hierin nur anscheinend eine Ausnahme; der Reichthumsfortschritt steht nicht still, er wird nur zeitweise latent. Die Tarifsysteme sprechen also bei dem Tempo des Reichthumsfortschritts eines Volkes wesentlich mit, und jede Partei behauptet, dass ihr System das förderlichste sei. Allein sie vermögen erfahrungsmässig nicht einmal den Reichthumsfortschritt zum Stillstand zu bringen, geschweige denn ihn in Rückschritt zur Verarmung umzukehren. Kann eine einsame Insel im Weltmeer, von aller Welt abgeschlossen, nicht ebenfalls, wenn auch langsamer, freudloser und mühsamer im Wohlstand fortschreiten?

Der Tarifaberglaube war insbesondere der Vater der „Motive“ zum Tarifgesetz. Jeder konstatirte Fortschritt oder Rückgang des Ganzen, wie der einzelnen Gewerbe, wurde dogmatisch auf die Tarifsätze zurückgeführt, und der weit überwiegende Einfluss natürlicher Produktionsbedingungen und äusserer Einwirkungen, der Konjunkturen und der subjektiven Faktoren blieb unberücksichtigt. Hier gerade, wo sich die neue Schule so recht als „praktisch", als „Kennerin der realen Verhältnisse jedes Fachs" hätte zeigen können, — hier gerade liess sie die graue Theorie einer abstrakten Formel walten. Diese falsche Auffassung schärft aber nicht bloss in betrübender Weise die Gegensätze der handelspolitischen Parteien, sondern verwirrt auch die Ueberzeugungen, die nicht ganz fest fundirt sind. Bei der Tarifreform von 1879 dürfte dieser Aberglaube zu einem grossen Theil den Abfall der konservativen Gutsbesitzer vom Freihandelssystem herbeigeführt haben. Denn wer dogmatisch jede günstige oder ungünstige Gestaltung des Erwerbslebens lediglich auf Rechnung des Tarifs setzt (der Amerikaner Carey leistet insbesondere hierin das Unglaublichste), der wird leicht verführt, rückwärts von einem schlechten Geschäftsgang auf die Falschheit des Tarifsystems zu schliessen, unter dessen Herrschaft der Rückgang statt fand. Die Nothlage der letzten Jahre hat somit thatsächlich viele Anhänger der freieren Richtung in ihrem Glauben an das frühere freisinnige Tarifsystem irre gemacht und der Reaktion in die Arme geführt. Noch Andere, die bloss zweifelhaft wurden, hielten das entgegengesetzte System wenigstens eines Versuchs werth, — leider ein theures Experiment.

Von unserem Standpunkt aus, erscheint die Tarifreform von 1879, was die wirthschaftliche Seite anbetrifft (mit der finanziellen sind wir meist einverstanden), als ein grossartiger Missgriff, der den Reichthumsfortschritt der Nation unbedingt stören, deshalb aber noch nicht aufhalten, oder in Rückschritt verwandeln wird. Es fragt sich sogar, ob, von der beginnenden Besserung der Erwerbsverhältnisse unterstützt, und nach Ausgleichung der spekulativen Mehreinfuhren des I. Semester 1879, die Ein- und Ausfuhren absolut zurückgehen werden; relativ thun sie es jedenfalls, d. h. sie würden, ohne die Tarifreform, stärker fortschreiten. Die Einseitigkeit des Tarifaberglaubens beruht aber darin, dass der ihm huldigende Freihändler nur die Nachtheile, der Schutzzöllner nur die Vortheile summirt, welche dort den Produzenten, hier den Konsumenten durch die Zollerhöhungen treffen. Vom Standpunkt der Einzelbetheiligten hat diese Auffassung auch ihre volle Berechtigung. Allein vom Standpunkt der Gesammtheit betrachtet, tritt nur die Differenz zwischen den Summen der Nachtheile und Vortheile als reines Plus oder Minus im relativen Reichthumsfortschritt der Nation auf. In der Nichtberücksichtigung des wesentlichen Unterschieds in der Wirkung von Tarifveränderungen, je nachdem man sich auf den Standpunkt der Einzelinteressen, oder der Gesammtheit stellt, liegt die grosse Verschiedenheit in der Beurtheilung des Nutzens oder Schadens der entgegengesetzten Systeme, Seitens ihrer Anhänger und Gegner, begründet. Als das überwiegend Schädliche der Tarifreform von 1879 erscheinen uns also weniger die Resultate für die Gesammtheit, worin sich Nutzen und Schaden der Einzelnen weitgehend kompensiren (und wobei auch die erhöhten Einnahmen der Reichskasse in Anrechnung kommen), als die zahllosen Verschiebungen der Erwerbs- und Verkehrsverhältnisse der Einzelnen, diese willkürlichen und ungerechtfertigten Eingriffe in das natürliche, die Gewinne legitim vertheilende Walten der wirthschaftlichen Kräfte. Es wird oft schwer, die Erbitterung zurückzuhalten, wenn man bedenkt, wie unter der Aegide wiederaufgegrabener merkantilistischer Grundsätze in überstürzter und deshalb, trotz aller bona fides und aller aufgewandten Thätigkeit, oberflächlicher Weise, in die Erwerbsverhältnisse der Einzelnen eingegriffen, auf Schlagwörter, auf einseitige Petitionen von Interessenten hin, Gewinn und Verlust hierhin, dorthin, verschoben, alte Handelsbeziehungen gestört und schliesslich die unteren Volksklassen, durch die Besteuerung der nothwendigsten Lebensbedürfnisse, stärker belastet worden sind, als ihre Entlastung durch direkte Steuern im Bereiche der Möglichkeit liegt. Nicht bloss die wirthschaftlichen, auch die socialen und politischen Interessen der Nation sind tief verletzt, ihr Friede ist gestört worden.

Alle diese Erwägungen machen den parlamentarischen Kampf gegen das neue System zur unabweislichen Pflicht, gestatten es aber, da die Nation inzwischen nicht verarmen wird, denselben in ruhiger Weise, ohne Ueberstürzung, zu führen. Nur von der Rückkehr normaler Zeitverhältnisse und ruhiger Ueberlegung ist eine völlige Beseitigung des eingedrungenen Systems und die Wiederanknüpfung an die Delbrück'sche Zollpolitik zu erwarten. Es wäre deshalb ein grosser taktischer Fehler den Angriff zu überstürzen. Zum allgemeinen Angriff kann keinenfalls vor den nächsten Wahlen übergegangen werden; und ob dann noch, ist fraglich, und hängt von den verschiedensten Konstellationen ab. Die Zeit bis dahin kann nur zur Einleitung und Vorbereitung des allgemeinen Angriffs und zur thunlichsten Beseitigung einzelner, besonders unerträglicher Härten des neuen Tarifs, insbesondere aber zum Kampf gegen die agrarischen Zölle, benutzt werden, der keinen Augenblick ruhen darf.

Will man überhaupt auf solchen Kampfesgebieten etwas erreichen, so muss man die Ziele nicht allzuweit stecken. Wir haben oben die Aufnahme des agrarischen Schutzsystems, als den wirthschaftlich und social bedenklichsten Theil des Reformwerks bezeichnet, gegen welchen der Nachtheil eines industriellen Schutzsystems, wie es seit 60 Jahren das Bürgerrecht bei uns hatte, prinzipiell und materiell weit zurücktritt. Es sollte also zunächst der Angriff auf die Getreide-, Vieh- und Holzzölle konzentrirt werden, vor Allem aber auf den übertrieben hohen Roggenzoll, den Schlüssel der agrarischen Position. Man darf sich nicht verhehlen, wie dieser Angriff ein sehr schwieriger sein wird. Allein schon die nächste Zeit dürfte uns, bei dem eingetretenen bedeutenden Steigen der Getreidepreise, in der erregten Volksstimmung einen mächtigen Bundesgenossen zuführen, selbst wenn jede illoyale Agitation verschmäht wird. Und in nicht allzuferner Zeit muss, aus den Reihen der Grundbesitzer selbst, eine Rückströmung zu den alten, auf sechzigjähriger Erkenntniss ihrer Interessen beruhenden wirthschaftlichen Anschauungen stattfinden. Die Bauern werden vielleicht die ersten sein, welche die Bedeutungslosigkeit der agrarischen Zölle für ihre Interessen, und den Schaden der erhöhten industriellen Zölle einsehen. Ob die, durch die Versprechung agrarischer Zölle, den Liberalen abgenommenen Parlamentssitze lange in den Händen der konservativen Gutsbesitzer bleiben werden, wird deshalb auch zu bezweifeln sein. Den kleinen Besitzern dürften sich bald die, beim Getreideexport interessirten Grundbesitzer der östlichen und nördlichen Gebietstheile zugesellen, denen die Getreidezölle am wenigsten helfen, die erhöhten Schutzzölle am meisten schaden. Ist aber das agrarische Zollsystem auch nur in wesentlichen Punkten durchlöchert, dann wird die Mirbach'sche Formel, von deren Vätern selbst, in umgekehrter Weise in Anwendung gebracht, und wenn damit erst die Grundlage des Bündnisses zwischen Agrariern und Industriellen gesprengt ist, so werden allmählig nicht bloss die vielen wiedereingeführten kleinen Zölle, an denen Niemand ein intensives Interesse hat, sondern auch die Varnbüler'schen Uebertreibungen der industriellen Schutzzölle von selbst zum Falle kommen.

Betrachten wir die Konstellation der wirthschaftlichen und politischen Parteien, so erscheinen uns in der That die Aussichten, das agrarisch-industrielle Zollsystem von 1879, in nicht ferner Zeit, wieder auf ein gemässigtes industrielles Schutzsystem zurückzuführen, durchaus nicht so aussichtslos, wie Viele aus unseren Reihen fürchten. Der Tarif von 1879 siegte im Reichstag mit 100 Stimmen, der Mirbach'sche Roggenzoll aber nur mit 26 Stimmen Majorität; die Kompromiss-Industriellen gaben dabei den Ausschlag. Ist hier erst Bresche geschossen, so bröckeln die übrigen agrarischen Zölle schon nach, der Kompromiss mit den Industriellen ist zerstört, und die konservative Gutsbesitzerpartei wird allmählig ihre frühere Stellung gegen die Uebertreibungen des industriellen Schutzsystems wieder einnehmen, in dem alten Bündniss mit der grossen Mehrheit der Liberalen. Das Centrum, mit seiner unberechenbaren, auf den Kulturkampf basirten Handels- und Finanzpolitik, das z. B. einen Schlag gegen die Liberalen mit der Einführung der Kornzölle nicht zu theuer erkauft hält, giebt dann nicht mehr den Ausschlag, und es wird gleichgültig für das wirthschaftliche Leben der Nation, ob Fürst Bismarck auf das klerikale do ut des, mit do oder non do antwortet, ob Herr Windhorst etwas früher oder später, als der Reichskanzler aufsteht.

Für die national-liberale Partei aber wird hoffentlich der gemeinsame Kampf gegen die agrarischen Zölle wieder zu einem mächtigen Einigungspunkt werden. Konnte diese Partei, auf dem Boden des bisherigen industriellen Schutzsystems, die wirthschaftliche Frage als eine offene behandeln, so dürfte diese

Haltung, den agrarischen Zöllen gegenüber, unmöglich sein, da hier, ausser den wirthschaftlichen, sociale und politische Rücksichten von höchster Bedeutung in Frage kommen. Agrarische Zölle sind mit einem liberalen Programm unverträglich; hier entscheidet auch nicht das Maass der Belastung, sondern es gilt, ein, in die naturgemässe Entwicklung unserer Zollpolitik eingedrungenes falsches Prinzip mit der Wurzel wieder auszurotten.

Wir gehen in einen Kampf, der uns aufgedrungen ward. Der augenblickliche Erfolg mag zweifelhaft sein; für den endlichen Erfolg ist uns nicht bange. Denn mit uns ist die geistige und materielle Strömung des Jahrhunderts, die man wohl einen Augenblick aufhalten, aber nicht dauernd umkehren kann.

GPSR Compliance

The European Union's (EU) General Product Safety Regulation (GPSR) is a set of rules that requires consumer products to be safe and our obligations to ensure this.

If you have any concerns about our products, you can contact us on ProductSafety@springernature.com

In case Publisher is established outside the EU, the EU authorized representative is:

Springer Nature Customer Service Center GmbH
Europaplatz 3
69115 Heidelberg, Germany

Batch number: 10844655

Printed by Printforce, the Netherlands